Dino

In der Reihe „Tiere – Freunde fürs Leben“ sind bisher erschienen:

Band 1: Mira, die Heldin
Band 2: Cleos großer Sieg
Band 3: Gib nicht auf, Max!
Band 4: Minka, wo bist du?
Band 5: Einsteins beste Idee
Band 6: Fees großer Auftritt
Band 7: Sunny jagt den Dieb
Band 8: Minni kommt groß raus
Band 9: Lena & Niko, endlich daheim!
Band 10: Wohin gehörst du, Ole?
Band 11: Fenja, einfach klasse!

Tiere
Freunde fürs Leben

In geheimer Mission

Nickis erstes Abenteuer

Edith Kuchenbecker

Dino

Die Deutsche Bibliothek – CIP-Einheitsaufnahme

Ein Titeldatensatz für diese Publikation ist bei
der Deutschen Bibliothek erhältlich.

Tiere – Freunde fürs Leben, Band 12

*Dieses Buch wurde auf chlorfreiem,
umweltfreundlich hergestelltem Papier gedruckt.*

Rotebühlstraße 87, 70178 Stuttgart

Chefredaktion: Axel Nowak
Redaktion: Marisa Reinelt
Lektorat: Bibi Motz
Umschlagfotos: Juniors Bildarchiv
Bildstreckenfotos: Juniors Bildarchiv
Grafische Gestaltung: TAB Werbung, Stuttgart
Satz: Greiner & Reichel, Köln
Gesetzt in Stone Serif, 11 pt
Druck und Bindung: GGP Media, Pößneck

ISBN: 3-89748-687-3

Familie gesucht

„Also wenn wir für Nicki nicht bald eine geeignete Familie finden, verwöhnen wir ihn noch total. Schau ihn dir nur einmal an, Monika. Er wird von Tag zu Tag dicker!“

Meint die etwa mich? Das darf doch nicht wahr sein.

Die Tierpflegerin Karin deutet tatsächlich mit dem Finger auf mich. Ich komme gerade aus der Küche des Tierheimes gewackelt. Dort habe ich nachgesehen, ob alles seine Ordnung hat. Manchmal wird beim Zubereiten des Essens nämlich reichlich gekleckert. Damit niemand ausrutschen kann, bin ich immer gleich zur Stelle und schlecke alles vom Fußboden auf.

Monika kichert über die Worte ihrer Kollegin und auch Karin lacht jetzt über mich.

Was die nur immer zu gackern haben! Ich will doch groß und stark werden und da muss man eben viel essen. Vor allen Dingen wenn es in der Küche so gut riecht. Mir schmeckt es eben sehr gut. Darüber sollten sie doch froh sein!

„Komm her, du kleiner Nimmersatt!“

Das lasse ich mir nicht zweimal sagen. Monika

nimmt mich lachend auf den Arm. Sie streichelt mein kurzes weißes Fell, das mit kleinen schwarzen Tupfen übersät ist.

„Wir werden vielleicht schon heute eine nette Familie für dich finden. Gerade vorhin kam ein Anruf. Jemand möchte für seine Tochter einen kleinen Hund. Da habe ich gleich an dich goldigen Waisenjungen gedacht."

Bei dem Wort Waisenjunge fällt mir alles wieder ein. Ich war zuerst gar kein Waisenjunge. Nein, ich hatte eine ganz liebe Dalmatinerhündin als Mama. Sie war sogar besonders lieb. Ihr Fell war weiß mit ganz vielen schwarzen Tupfen. Ich kann mich genau an die Tupfen erinnern, weil mein eigenes Fell bei meiner Geburt schneeweiß war. Nur an der Nase hatte ich einige dunkle Flecken. Darüber war ich sehr traurig. Ich wollte doch auch ein richtiger Dalmatiner sein. Aber Mama hat mich getröstet: „Warte nur ab! In acht bis zehn Tagen kommen die Tupfen ganz von allein. Als du auf die Welt gekommen bist, war dein Fell ganz nass. Damals konnte ich die dunklen Flecken schon sehen. Wir Dalmatiner werden alle ohne unsere schwarzen Tupfen geboren."

Gar nicht lange danach bekam ich zuerst einen Fleck an meinem Ohr und später auf den Pfoten und dem Rücken. Das war wirklich spannend, weil ich nie wusste, wo der nächste Fleck auftaucht. Inzwischen sind alle meine Tupfen längst zum Vorschein gekommen und über den ganzen Körper verteilt. Doch das wissen diese beiden Kichertanten scheinbar nicht. Denn sie schauen jeden Tag nach, ob ich schon wieder einen neuen Tupfen habe.

„Hallo, was haben wir denn hier?“ Karin kitzelt mich an den Ohren und tippt auf meinen Hinterkopf. „Dieser Fleck ist aber ganz neu, den kenne ich noch nicht.“

„Jetzt hör aber auf!“, denke ich verblüfft. „Der Fleck ist schon ganz lange da. Ich werde doch größer und die Flecken wachsen natürlich mit.“

Monika setzt mich auf die Erde. „Nun lauf noch ein bisschen herum. Wir rufen dich, wenn der Besuch da ist.“

Das werde ich tun. Ich laufe quer über den Hof und bin schon bei den Hundezwingern angelangt. Hier in diesen Käfigen sind die anderen Hunde, die wie ich auf einen neuen Besitzer warten. Es gibt große und kleine Hunde und viele verschiedene Rassen. Alle kennen mich hier. Ich darf als Einziger überall herumlaufen und brauche nicht im Käfig zu sitzen.

„Wuff, wuff, du schon wieder“, giftet mich der Dobermann Toby an.

Der ist nur neidisch, weil er eingesperrt ist. Richtig böse ist hier eigentlich niemand, eher sind alle ein bisschen traurig.

„He, Nicki, was gibt es denn heute zu fressen? Das weißt du doch bestimmt schon!“, kläfft die Dackeldame Rosie.

Rosie ist schon ziemlich alt und seit vier Jahren hier im Tierheim. Die Hoffnung auf eine neue Familie hat sie längst aufgegeben. Ihre einzige Freude ist jetzt das Essen.

„Ich weiß nicht, wie es heißt. Aber es riecht sooo lecker und schmeckt wunderbar!“, sage ich. Damit erwecke ich bei Rosie den Anschein, dass es jetzt Essenszeit ist.

„Was – Essen?“ „Wuff, wuff.“ „Jetzt schon?“ „Leute, es gibt was zu futtern.“

Von überall kommen plötzlich aufgeregt fragende Stimmen. In den Käfigen sind alle Hunde munter geworden. Essen ist hier die einzige Abwechslung im täglichen Einerlei.

Oh, oh! Mit meiner Aussage habe ich wohl einen Fehler gemacht. Ich werde mich ein wenig bei meiner Pflegemama verstecken, bis sich die Aufregung in den Käfigen gelegt hat.

„Was hast du denn angestellt, Nicki?“, empfängt mich meine Pflegemama Senta. Sie kommt ganz nah an die Gitterstäbe ihres Käfigs und begrüßt mich liebevoll mit einem Nasenstüber.

Sentas Fell ist kohlrabenschwarz, ziemlich lang und zottig. Doch ich weiß, wie herrlich weich es sich anfühlt. Man kann sich wunderbar ankuscheln und fühlt sich gleich geborgen.

„Ich wollte nur nett sein, doch Rosie hat mich falsch verstanden."

„Die werden sich schon wieder beruhigen", tröstet mich Senta. Liebevoll leckt ihre Zunge über meine schwarzen Tupfen. Senta liebt diese Tupfen. Sie glaubt ganz fest, dass ich ihr die schwarzen Tupfen zu verdanken habe. Sie meint, die kommen von ihrer Milch. Schließlich war ich ein schneeweißes Hundebaby, als ich zu ihr gebracht wurde. Nun, ich weiß es besser, aber ich möchte Senta nicht enttäuschen.

„Vielleicht bekomme ich noch heute eine eigene Familie", erzähle ich Senta. „Jedenfalls hat Monika Besuch für mich angekündigt."

Senta nickt. „Das ist eine wunderbare Nachricht für dich." Sie sieht mich mit ihren dunklen Augen traurig an und seufzt: „Obwohl das für dich und mich höchstwahrscheinlich die Trennung bedeuten wird."

„Sei nicht traurig, Senta!", versuche ich sie zu trösten. „Vielleicht findest du auch bald eine neue Familie."

„Ja, das kann schon sein! Mach dir um mich keine Sorgen", lächelt Senta.

„Bestimmt gibt es ganz viele Menschen auf der Welt, die gerne einen Hund aus dem Tierheim zu sich holen möchten." Ich bin ganz zuversichtlich.

„Das ist wohl wahr!", sagt Senta. „Die meisten

Menschen möchten jedoch nur einen Welpen oder zumindest einen ganz kleinen Hund haben."

„Bist du für die denn zu groß?" Ich schaue Senta fragend an.

„Tja, wahrscheinlich!" Senta seufzt. „Vielleicht auch schon zu alt", fügt sie hinzu.

„Aber du bist doch erst sechs Jahre."

„Stimmt schon! Doch die Menschen rechnen das irgendwie anders. Ein Hundejahr bedeutet für sie sieben Menschenjahre. Nach ihrer Rechnung wäre ich demnach 32. Ich habe diese Rechnerei nie verstanden."

„Weißt du was, Senta? Dann will ich auch nicht weggehen. Ich bleibe einfach hier bei dir."

„Wo denkst du hin?", grollt Senta mich an. „Du musst jetzt nur an dich und deine Zukunft denken. Halte dich in der Nähe des Büros auf, damit du gleich zur Stelle bist und den Besuch auf keinen Fall versäumst."

Obwohl mir Senta Leid tut, bin ich doch erleichtert über ihre Worte. Karin und Monika sind ja sehr lieb zu mir. Aber mein ganzes Leben im Tierheim zu verbringen, nein, das ist wirklich keine schöne Aussicht.

Die aufgeregten Hundestimmen im Hintergrund sind noch nicht ganz verstummt.

Am besten ist es wohl, wenn ich mich wieder in die Küche verdrücke, bis sich alles beruhigt hat.

Dort werde ich auf den geheimnisvollen Besuch warten. Hoffentlich sind sie lieb und nehmen mich. Ach, wäre das schön, endlich eine eigene Familie zu haben. Jeder hier im Tierheim träumt insgeheim davon.

Liebe auf den ersten Blick

„Hallo Nicki, wo steckst du denn schon wieder? Dein Besuch ist jetzt da!“

He, das ist doch mein Name, der da gerufen wird. Ich springe schnell auf und marschiere in die Richtung, aus der die Stimme kommt.

„Wieder in der Küche gewesen?“, empfängt mich Karin lachend.

„Du musst dich damit abfinden, dass Dalmatiner eben ein bisschen verfressen sind. Besonders unser Nicki!“

Neben Karin steht ein Mädchen mit blonden Locken, das mich mit leuchtenden Augen ansieht.

„Ja, genau so habe ich mir meinen zukünftigen Hund vorgestellt. Das ist er! Mama, Papa, seht doch nur, wie lieb er schaut. Den möchte ich haben!“

Ich kann es nicht fassen, das Mädchen wünscht sich tatsächlich einen verfressenen Hund! Sie gefällt mir auf Anhieb und ich laufe sofort auf sie zu.

„Aber Ellie!“, höre ich. „Wir haben dir einen kleinen Hund versprochen, für eine gute Note.

Doch das ist kein kleiner Hund, sondern ein junger Hund. Ein Dalmatiner wird bis zu 60 cm groß."

Die Stimme gehört einer großen blonden Frau, die genau neben dem Mädchen steht, das sie soben Ellie genannt hat.

„Aber ich habe doch eine drei geschrieben!", sagt Ellie. „Stundenlang habe ich gelernt, weil ich so gerne einen Hund haben wollte. Immer bin ich allein und ihr habt nie Zeit für mich. Papa ist den ganzen Tag nicht da, weil er den Leuten Häuser und Wohnungen verkauft. Und seitdem du wieder als Journalistin arbeitest, hast du auch keine Zeit mehr. Bitte, bitte, ich möchte Nicki haben!"

„Ja, bitte, bitte", blaffe ich los. „Nun sag schon ja." Um meiner Bitte mehr Nachdruck zu verleihen, springe ich an den Hosenbeinen von Ellies Mama hoch. Dabei wedele ich begeistert mit meinem Schwänzchen. Dann wende ich mich dem Mann zu, den Ellie eben mit Papa angesprochen hat und zerre ein bisschen an seinen Schnürsenkeln. Er beugt sich zu mir und streichelt meinen Kopf. Ich schlecke über seine Hand und er lacht.

Ich habe das Gefühl, dass er mich mag. Nun gilt es die Sympathie der Frau zu erobern, die sich noch nicht so recht für mich erwärmen kann.

„Ich weiß nicht, so ein großer Hund im Haus.

Das macht doch viel Arbeit und ist auch eine enorme Verantwortung.“ Ellies Mama klingt nicht sehr begeistert.

„Noch bin ich ja klein und ich verspreche auch nicht so schnell zu wachsen“, belle ich hoffnungsvoll. Ich merke schon, wir bekommen Oberwasser.

Jetzt mischt Karin sich ein: „Dalmatiner sind in der Regel recht pflegeleichte Hunde. Sie zeichnen sich durch ein angenehmes, freundliches Wesen aus. Sie sind kein bisschen aggressiv oder nervös. Zudem schätzen sie Sauberkeit über alles, sind aufmerksam und sehr gelehrig. Noch etwas ganz Wichtiges, sie sind keine Kläffer.“

Sag ich doch die ganze Zeit. Nun entscheidet euch doch endlich. Aufmerksam versuche ich meine normalerweise fest am Kopf anliegenden Ohren zu spitzen. Schließlich will ich jedes Wort verstehen.

Ellies Mama ist noch nicht so ganz von mir überzeugt.

An Ellie gewandt, fährt Karin fort: „Du musst dich allerdings darauf einrichten, nicht mehr so viel freie Zeit für dich zu haben. Dalmatiner sind sehr lebhaft und wollen viel laufen. Weil sie ausgesprochen schlau sind, müssen sie ständig beschäftigt werden. Wenn sie sich langweilen, kommen sie auf dumme Gedanken und machen Unsinn. Ansonsten sind sie sehr treu und anhänglich und am glücklichsten in der Nähe ihrer Familie."

„Nun ja, wir haben doch schon darüber gesprochen", mischt sich Ellies Papa ein. „Kinder werden durch den Umgang mit einem Tier in ihrem Wesen positiv geprägt. Mit ihren elf Jahren ist Ellie doch alt genug, um Verantwortung zu übernehmen." Er lächelt und zwinkert Ellie mit den Augen zu.

„Sag ja, Mama. Sieh nur, wie er dich ansieht. Er weiß bestimmt, worum es geht."

Natürlich weiß ich das. Ich bin zwar klein, aber nicht doof. Außerdem hat Karin doch gerade gesagt, dass wir Dalmatiner sehr schlau sind. Hier geht es um mein zukünftiges Heim und das wäre bei Ellie bestimmt schön.

„Ich werde mich ganz bestimmt gut um ihn kümmern, damit er dich nicht bei der Arbeit stört", bettelt Ellie.

Voller Spannung sehen wir alle auf die Mama. Was wird sie sagen? Die schaut hilflos zuerst auf mich und danach in Ellies bittende Augen. „Nun gut, wenn du unbedingt diesen und keinen anderen möchtest."

Ha, da waren sie, die erlösenden Worte. Ellie nimmt mich jauchzend auf den Arm und ich schlecke ihr vor Freude quer über das Gesicht.

„Iiiih! Hör auf, Nicki, das kitzelt!", quietscht Ellie und ist dabei überglücklich. Na und ich erst!

Karin geht mit Ellies Eltern ins Büro, um den Papierkram zu erledigen. Ich nutze die Gelegenheit und will Ellie mit Senta bekannt machen.

Toby ist beeindruckt, als er mich mit Ellie über den Hof marschieren sieht. „Sag bloß, dich halbe Portion nimmt jemand mit nach Hause?“

„Na, was hast du denn gedacht?“, blaffe ich zurück. „Wenn ich ausgewachsen bin, werde ich fast so groß wie du sein!“

Seine Worte ärgern mich gewaltig.

Rosie kann nicht fassen, dass ich fortgehe. „Hast du dir das auch gut überlegt, Nicki? Hier hast du doch alles, was du brauchst. Jeden Tag ein gutes Essen und ein warmes Körbchen. Das Leben da draußen kann ganz schön anstrengend sein.“

Ach, was gibt es denn da zu überlegen? Woher will Rosie wissen, was ein junger Welpe braucht? Ich brauche doch einen Menschen, zu dem ich gehöre. Einen Menschen, der mich lieb hat und versteht, den ich auch lieb habe und den ich beschützen kann.

„Ellie ist genau richtig für mich. Sie mag mich und ich mag sie. Bestimmt wird sie mir zeigen, wie schön das Leben draußen ist. Ich freue mich darauf.“

„Ts, ts, ts!“ Rosie hat nur ein Kopfschütteln für meine Begeisterung übrig. „Jedenfalls alles Gute für dich und viel Glück“, ruft sie hinter mir her.

Ich bin schon um die Ecke und stehe vor Senta. Senta weiß schon Bescheid. Es spricht sich schnell herum, wenn jemand im Tierheim ein neues Zuhause gefunden hat. Ellie ist mir gefolgt und weiß gar nicht, warum ich zu Senta gelaufen bin. Wie soll sie auch?

Senta mustert Ellie mit aufmerksamen Augen und ist mit dem Ergebnis zufrieden. Das sehe ich sofort an ihrem Blick. Ich finde Ellie ja auch allerliebst mit ihren blonden langen Locken, die sie mit einem blauen Band zusammengebunden hat. Das Band hat dieselbe Farbe wie ihre Augen, die vorhin so geleuchtet haben.

„Das ist Senta“, belle ich. „Senta, meine Pflegemama.“

Ellies Augen blicken ziemlich ratlos. Sie versteht mich nicht.

Zum Glück kommt Monika um die Ecke und erklärt Ellie, wer Senta ist.

„Als Nicki seine Mama verlor, war er noch ganz klein. Er brauchte unbedingt eine Pflegemama, die ihn säugen konnte. Sentas Jungen sind zu früh auf die Welt gekommen und waren noch nicht lebensfähig. So wurde aus dem Unglück der beiden ein Glücksfall. Senta brauchte ein Junges, das sie mütterlich versorgen konnte und Nicki war auf eine Mama angewiesen, die ihn ernährte.“

Jetzt versteht Ellie, wie wir beide zusammengehören. Sie streichelt Senta.

„Danke schön, dass du so gut für Nicki gesorgt hast. Er wird es gut bei mir haben. Ich verspreche es dir."

Senta leckt Ellies Hand und wird auf einmal sehr traurig.

„Mach's gut, mein Kleiner. Vergiss mich nicht ganz und sei brav!"

„Na klar, bin ich doch immer." Ich hopse vor Begeisterung herum und kann kaum erwarten, dass es los geht.

Ellie nimmt mich auf den Arm und wir gehen mit Monika zum Büro. Karin erzählt dort gerade, wie ich im Tierheim gelandet bin.

„Sie haben doch sicher in der Zeitung von dem großen Wohnhausbrand gelesen. Nickis Mutter ist dabei ums Leben gekommen. Doch vorher hat sie durch ihr Bellen alle Bewohner aufgeweckt und dadurch retten können. Ihr Besitzer – er war schon ziemlich alt – ist nach dem Brand in ein Altersheim umgezogen. Nickis Mutter war jedenfalls eine richtige Heldin und Nicki ist etwas ganz Besonderes."

Ellie drückt mich bei diesen Worten ganz fest an sich. Sogar Ellies Mama streichelt jetzt über meinen Kopf.

Wonach duftet die Hand nur? Mmm, so süß. Das habe ich noch nie geschnüffelt. Schnell mal über die Hand geschleckt. Nee, nach Essen schmeckt das eigentlich nicht!

Ellies Mama ist ganz gerührt wegen meines Schicksals. Ich aber bin ganz zappelig vor Aufregung. Endlich geht das große Tor auf. Ich sehe zum ersten Mal seit langem die Welt außerhalb des Tierheims wieder. Sofort will ich auf die Erde, um zu sehen, wie es hier riecht. Doch Ellie hält mich fest auf dem Arm.

Ein fremder Hund?

Ellie trägt mich auf ein großes blaues Ungetüm zu. Plötzlich geht es an der Seite auf und Ellies Papa steigt aus. Ellie schiebt mich hinein, kommt zu meiner Freude aber sofort hinterher. Ich finde mich auf einem weichen Sitz wieder.

Soll das etwa das neue Zuhause sein? Das ist doch viel zu klein!

„Hab keine Angst, Nicki, wir fahren jetzt mit dem Auto nach Hause. Das dauert gar nicht lange."

So, so, Auto heißt also dieses Ungetüm. Ich setze mich auf Ellies Schoß und schaue mich um. Ringsherum kann man hinaussehen. Plötzlich ertönt ein gewaltiges Brummen. Das Auto-Ungetüm zittert und setzt sich in Bewegung. Genau wie ich, denn auf dem Sitz hält es mich keinen Augenblick länger. Ich richte mich auf und schaue hinaus. Vor dem Tor stehen Karin und Monika und winken mir zu. Ich bin mächtig aufgeregt.

Nun bin ich also ein Hund mit einer eigenen Familie. Ich bin sehr stolz darauf. Vor allem bin ich auch furchtbar neugierig auf das neue Leben, das mich erwartet.

Mal hopse ich auf Ellies Knie, um an der Seite hinauszuschauen, dann wieder auf die Rücklehne, um nach hinten zu sehen.

„Ellie, halt Nicki fest, damit er nicht so wild herumhüpft. Normalerweise müsste er auf dem Boden liegen oder in einem Transportkäfig sitzen."

Ellie hält mich fest, während ich auf meinen Hinterbeinchen stehend hinausschaue. Karin und Monika werden immer kleiner, bis sie ganz verschwunden sind.

Die Fahrt, so scheint es, dauert endlos. Ich liege lang ausgestreckt auf dem Rücksitz. Mein Kopf liegt auf Ellies blauen Jeanshosen. Ellie streichelt mein Fell und erzählt mir von meinem zukünftigen Zuhause. Sie versichert mir immer wieder, dass wir gleich da sind.

Dann endlich hält das Auto an.

Wir stehen direkt vor einer kleinen Hecke. Dahinter liegt eine grüne Wiese und darauf steht ein wunderschönes, schneeweißes Haus. Das ist es also, mein neues Heim!

Ich drehe meinen Kopf herum und sehe noch ein weißes Haus und daneben noch eins. Die ganze Straße ist voller weißer Häuser mit grünen Wiesen und kleinen Hecken. Alles sieht ziemlich gleich aus. Oje! Da kann es schwierig werden, das richtige Zuhause wiederzuerkennen.

Ellies Mama scheint sich aber ganz sicher zu sein. Sie schließt gerade die Haustür auf.

„Herzlich willkommen zu Hause, Nicki“, flüstert Ellie in mein Ohr und setzt mich vor der Haustür auf die Erde.

Ausgiebig beschnüffele ich die zwei Stufen, die ins Haus hineinführen. Dann hebe ich mein Beinchen hoch und markiere mit einer kleinen Pfütze mein neues Zuhause. Das ist ungeheuer praktisch. Denn fremde Hunde riechen nun sofort, dass ich hier wohne. Gleichzeitig dient es mir später zur Orientierung, falls ich die Häuser doch einmal verwechseln sollte.

„Das hast du fein gemacht!“, lobt mich Ellies Papa und klopft anerkennend auf meinen Rücken.

Ellies Mama sieht mich skeptisch an und seufzt: „Na, besser hier als in der Wohnung.“

Ich schaue verwundert. Ich weiß doch, dass man das Beinchen nicht in der Wohnung hebt. Hat Ellies Mama denn vorhin nicht zugehört, dass ich sehr sauber bin? Das hat Senta mir längst beigebracht. Nur auf der Straße oder im Garten und niemals dort, wo man wohnt. Ich springe die zwei Stufen hinauf und folge Ellie ins Haus.

Der erste Raum ist ziemlich klein und uninteressant. Aber halt, da ist ja noch eine Tür und die steht sogar auf. Ellie zieht ihre Jacke aus und ich tappe zielstrebig auf die Tür zu.

Huch, was ist das denn? Ich bleibe verblüfft stehen und starre auf einen fremden Hund, der mir gegenübersteht. Der bleibt auch sofort stehen und mustert mich ebenso erstaunt. Er ist so groß wie ich und auch sein Fell ist weiß mit schwarzen Tupfen.

„Grrrr", knurre ich ihn an.

„Ellie hat mir so viel von meinem neuen Zuhause erzählt", denke ich vorwurfsvoll. „Aber sie hat nichts davon gesagt, dass hier schon ein Hund wohnt."

Ich knurre ihn vorsichtshalber noch mal an. Wedele jedoch auch mit dem Schwanz, um meine freundlichen Absichten zu zeigen. Der fremde Hund ist offenbar genauso unsicher wie ich. Auch er knurrt und wedelt gleichzeitig.

„Ach Nicki!" Ellie fängt plötzlich an zu lachen. „Das ist doch nur ein Spiegel. Schau mal, das bist doch du selbst."

Was, das soll ich sein? Jetzt verstehe ich gar nichts mehr.

Zur Bestätigung stupst Ellie den fremden Hund mit dem Finger an. Er zuckt kein bisschen zusammen.

Misstrauisch senke ich meine Nase und versuche zu schnuppern, wie dieser fremde Bursche riecht.

Peng! Ich knalle mit meiner Nase an eine glatte Fläche. Auge in Auge stehe ich dem fremden Hund gegenüber. Vor Schreck setze ich mich auf mein Hinterteil, während Ellie noch immer lacht.

„Komm, Nicki! Ich zeige dir jetzt unser Haus. An den Spiegel wirst du dich schon gewöhnen."

Ich laufe hinter Ellie her. Ab und zu drehe ich mich jedoch misstrauisch um. Der fremde Hund ist uns zum Glück nicht gefolgt. Stattdessen rutschen meine vier Pfoten alle in eine andere Richtung, so dass ich plötzlich mit dem Bauch auf dem Fußboden liege.

„Was ist denn nun schon wieder los?", belle ich erschrocken.

Das ist aber ein glatter Fußboden. Ich schaue verstört auf die weißen Fliesen, die auf dem ganzen Flur verlegt sind. Vorsichtig erhebe ich mich und gehe langsam auf Ellie zu, die inzwischen eine andere Tür geöffnet hat.

„Hier schlafen meine Eltern. Da gehst du am besten nicht hinein. Und dies ist das Badezimmer! Da ist auch ein großer Spiegel drin." Ellie fängt schon wieder an zu kichern und nimmt mich vorsichtshalber auf den Arm.

Tatsächlich! Da ist wieder dieser fremde Hund und nicht nur der. Diesmal ist auch Ellie zu sehen und der fremde Hund sitzt auf ihrem Arm. Aber dort sitze doch ich! Das ist ja alles sehr merkwürdig.

Ellie zeigt jetzt auf eine steile Treppe. „Da oben ist der Dachboden. Dort hat Mama ihr Büro eingerichtet. Sie schreibt für eine Zeitung. Ihre ganzen Arbeitssachen stehen da drin. Da darfst du bestimmt auch nicht rein."

Wie soll ich denn auch? Diese steile Treppe komme ich sowieso nicht hoch.

Ellie steigt mit mir die Treppe hinauf und öffnet die Tür vom Büro.

Ach, wie langweilig! Das sieht ja aus wie das Büro vom Tierheim.

Ein riesiger Schreibtisch mit einem Computer darauf und jede Menge Akten, Bücher und sonstiger Papierkram.

Vorsichtig trägt Ellie mich wieder hinunter, setzt mich auf den Boden und öffnet eine andere Tür. „Hier ist unser Wohnzimmer!" Eine große helle Couch und zwei Sessel stehen um einen runden Tisch herum. Das sieht richtig gemütlich aus. Daneben steht ein großer Schrank mit einem riesigen Fernsehapparat. Gegenüber ist ein helles Fenster und eine Glastür, durch die man hinausgehen kann. Dort ist sicher der Garten, denn ich kann lauter grüne Pflanzen sehen.

„Das ist unser Balkon!" Ellie öffnet die Tür und ich laufe hinaus.

„Der Garten ist aber mächtig klein", ist mein erster Gedanke.

Ringsherum ist ein Gitter angebracht und die Pflanzen stehen alle in Töpfen herum. Probeweise versuche ich mit den Pfoten auf dem Boden zu kratzen. Komischer Garten! Der Boden ist hart und unnachgiebig. An einem besonders großen Topf hebe ich mein Beinchen. Auf dem Boden breitet sich ein kleines Bächlein aus, weil es nicht in der Erde versickern kann.

„Oh nein! Doch nicht hier!", höre ich Ellie entsetzt ausrufen.

„Wuff, wuff! Doch im Garten darf man das!", versuche ich Ellie klarzumachen. Ellie weiß das scheinbar nicht.

„Was ist denn passiert?" Ellies Mama steckt den Kopf zur Tür heraus.

„Nicki hat auf dem Balkon eine Pfütze gemacht!"

„Das ist doch nicht so schlimm. Er wird es schon lernen, dass er das nicht in der Wohnung darf."

Hat sie eben Wohnung gesagt? Ich zucke erschrocken zusammen.

„Du wärst besser mit ihm in den Garten gegangen", sagt sie zu Ellie.

Ja, was? Ist denn ein Balkon nicht dasselbe wie ein Garten? Ich stehe ganz verwirrt neben meiner Pfütze. Ich will doch vor allem Ellies Mama beweisen, dass ich stubenrein bin. Und nun passiert mir so ein Missgeschick!

Ellie nimmt mich auf den Arm, tritt ganz nah an das Gitter und zeigt mit ihrem Finger nach unten.

„Da ist unser Garten! Man muss durch die Küche gehen, um dorthin zu kommen. Ich zeige es dir später, jetzt eilt es ja nicht mehr."

Ellies Stimme klingt schon wieder ganz lieb und ich bin sehr froh darüber.

Ich bin schon sehr gespannt auf den Garten. Dann lass ich mir aber genau sagen, wo ich mein Beinchen heben darf. Mir gefällt es nämlich hier und ich möchte unbedingt bei Ellies Mama einen guten Eindruck hinterlassen.

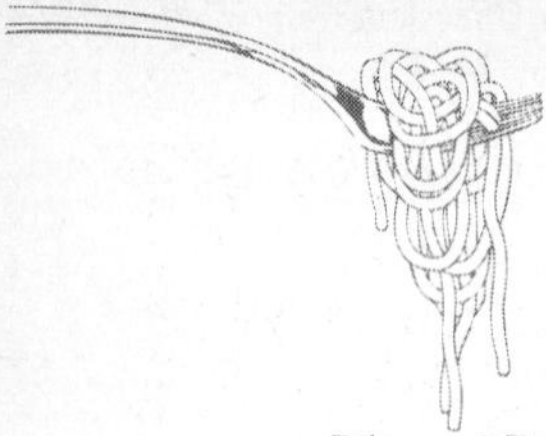

Ein Himmelbett für zwei

Auf einmal steigt mir ein wunderbarer Geruch in die Nase. Aufgeregt fange ich an zu schnuppern.

Das riecht doch wie …! Natürlich! Das ist eindeutig Essensgeruch.

„Wuff, wuff! Ellie, zeig mir die Küche!“, kläffe ich erwartungsvoll.

Ellie hat den Duft inzwischen auch bemerkt und trägt mich dem wunderbaren Geruch entgegen. Ich zappele auf ihrem Arm herum. Ellie setzt mich ab und zielsicher laufe ich in Richtung Küche. Meine Spürnase zeigt mir den Weg.

Die Küche kann ich gar nicht verfehlen, denn die Tür steht weit auf. Mit Karacho stürme ich hinein.

„Raus! Aber sofort!“, ertönt es prompt. Ellies Mutter steht am Herd und zeigt mit ihrem Finger auf die Tür.

Ach nein! Wo es hier doch so gut riecht. Außerdem habe ich noch gar nichts zu futtern bekommen. Bisher habe ich fast nur Zimmer gesehen, in die ich nicht hinein darf. Aber gerade dieses Zimmer ist mir sehr wichtig. Störrisch bleibe ich in der Küche stehen. Doch Ellie drängt mich schnell zurück auf den Flur.

„Wenn das Essen fertig ist, gehen wir in die Küche. Mama ruft uns bestimmt bald. Beim Kochen möchte sie nicht so gern gestört werden."

Ellies Worte besänftigen mich wieder ein bisschen, denn der Befehl „Raus!" klang doch sehr beunruhigend. Ich werde genau aufpassen, damit ich das Rufen zum Essen nicht verpasse.

„Komm mit, Nicki! Ich zeige dir mein Zimmer."

Ellies Zimmer ist hell und groß. Die Wände ringsherum sind himmelblau mit lauter weißen Wölkchen darauf. In der Mitte steht ein Tisch und ein kleines buntes Sofa mit einem ebenso bunten Sessel.

„Schau, Nicki! Hier wohne ich und dort steht mein Bett. Es ist ein Himmelbett und man kann einfach himmlisch darin schlafen."

Ellie zeigt auf ihr Bett, das von beiden Seiten mit einem hellblauen Vorhang umhüllt ist. Der Vorhang ist an der Zimmerdecke befestigt und hängt rechts und links bis auf die Erde herunter.

Das sieht ja wunderbar kuschelig aus. Ich bin beeindruckt.

Aber hallo! Moment mal! Wo schlafe ich denn? Ich sehe hier ja gar kein Körbchen. „Wuff, wuff! Ellie, wo steht mein Körbchen?"

Ach, wozu braucht man ein Körbchen, wenn es ein so wunderbares Himmelbett gibt? Wir werden natürlich zusammen darin schlafen. Ja, so wird es sein! Ich bin begeistert von meinem neuen Zuhause.

Ellie macht sich inzwischen an einer kleinen Kommode zu schaffen. Plötzlich dröhnt laute Musik durch das Zimmer. Eine Männerstimme fängt schrill an zu singen.

Uiii! Das tut meinen Ohren weh! Weiß Ellie denn nicht, dass Hunde ein ganz empfindliches Gehör haben?

„Mach aus, mach aus!", kläffe ich.

Doch Ellie lacht nur und tanzt zu der grässlichen Musik durch das Zimmer. Ich werfe meinen Kopf nach hinten, damit ich besser Luft bekomme. Dann heule ich einfach mit. „Jaaauuu!"

„Was ist denn hier für ein Heulkonzert? Ellie, mach die Musik leiser!"

Zum Glück steckt Ellies Papa den Kopf zur Tür herein und macht dem Lärm ein Ende. Ellie dreht den Kasten endlich aus und ich höre sofort auf zu heulen.

„An meine Lieblingsmusik wirst du dich bestimmt noch gewöhnen", ruft Ellie.

Das soll Musik sein? Also daran will ich mich gar nicht gewöhnen.

Ellies Papa steht noch immer in der Tür. Er hat einen großen Karton im Arm. Neugierig schnuppere ich daran, doch er riecht nach gar nichts. Aber als Ellies Papa den Deckel anhebt und in den Karton greift, knistert es furchtbar interessant.

„Na Nicki! Was meinst du wohl, was ich hier für dich habe?"

„Zeig es mir, zeig es mir!", kläffe ich und hüpfe aufgeregt um ihn herum.

Gespannt schaue ich auf seine Hände, die aus dem Karton auftauchen. Ach, nur ein Körbchen! Ich bin zutiefst enttäuscht! Es wird also nichts daraus, zusammen mit Ellie im Himmelbett zu schlafen. Aus der Traum vom Himmelbett zu zweit!

Zu allem Überfluss wird das Körbchen auch noch im Flur aufgestellt. Kann es denn nicht wenigstens bei Ellie oder in der Küche stehen?

„Ach Papa!" Ellie ist genauso enttäuscht wie ich. „Ich dachte, Nicki schläft in meinem Zimmer!"

„Nein! Auf keinen Fall! Der Hund braucht auch mal seine Ruhe und eine Rückzugsmöglichkeit, falls ihm deine Musik zu viel wird."

Ja. Vielleicht ist die Idee doch nicht so schlecht. Dann kann ich mich im Körbchen in Sicherheit bringen, wenn die laute Musik wieder angeht!

Ich springe sofort in das Körbchen und lege mich ganz brav auf das weiche, blau karierte Kuschelkissen.

„Siehst du, Ellie. Nicki hat sofort erkannt, was

gut für ihn ist. Es stimmt wirklich, dass Dalmatiner sehr schlau sind."

Und nun Ellie hält etwas in den Händen.

„Ich habe auch etwas für dich, Nicki. Das ist dein Halsband. So kann jeder sehen, dass du ein Frauchen und ein Zuhause hast."

Schwupps!, hat Ellie mir dieses Ding über den Kopf gezogen.

Aha! Ellie will mit mir spielen. Na, dann mal los. Sofort versuche ich das schwarze Ding wieder loszuwerden. Ich springe aus dem Körbchen und schüttele den Kopf hin und her. Es sitzt fester, als ich dachte.

Ellie beobachtet lachend meine vergeblichen Befreiungsversuche.

Jetzt aber! Ich hebe meine Vorderpfote und versuche dieses komische Halsband abzustreifen. Geht nicht! Ich lege meinen Kopf ganz flach auf den Boden und kratze gleichzeitig mit beiden Pfötchen am Hals.

Flutsch! Geschafft! Das Ding ist über die Ohren gerutscht und baumelt jetzt an meiner Nase.

„Ach Nicki, nein!" Ellies Stimme klingt enttäuscht. „Das war wohl ein wenig zu locker."

Schon legt sie mir das schwarze Ding wieder um den Hals und zieht daran.

Ich versuche den Trick von eben noch einmal – doch vergebens. Diesmal sitzt das Halsband fest.

„Wuff, wuff!", grolle ich. „So ein doofes Spiel!"

„Ring, ding, ding!“ Das Telefon klingelt im Wohnzimmer und Ellie rennt los, um abzuheben.

Ellie strahlt vor Freude, als sie zurückkommt.

„Das war meine Freundin und sie will dich unbedingt sehen. Katja wohnt nicht weit weg bei ihrer Oma. Sie hat auch Tiere zu Hause: einen Hamster, Meerschweinchen, Mäuse, einen Vogel und Minka. Aber sie hat keinen so lieben und klugen Dalmatinerhund wie dich. Morgen werden wir Katja besuchen und dann kannst du alle Tiere kennen lernen. Du wirst dich doch hoffentlich mit Minka vertragen, oder?“

Liebevoll krault Ellie meine Ohren. Das mag ich besonders gern.

Ellie zuliebe würde ich mich mit allen Tieren der Welt vertragen.

Wenn ich nur wüsste, was eigentlich eine Minka ist.

Doch im Augenblick beschäftigt mich eine ganz andere Frage.

„Wann bekommt man in dieser Familie eigentlich mal was zu futtern?“, kläffe ich.

Kaum habe ich zu Ende gebellt, ruft Ellies Mama zum Essen.

Nichts wie hin, ehe sie es sich anders überlegt!

Ellie setzt sich zu ihren Eltern an den Tisch und für mich stehen zwei Schüsseln auf dem Küchenboden. Mich interessiert jedoch viel mehr, was

Ellie auf ihrem Teller hat. Brav setze ich mich neben Ellies Stuhl und beobachte genau, was auf dem Tisch vor sich geht. Ein Berg langer gelber Fäden liegt auf dem Teller und obendrauf eine rote Flüssigkeit. Ellie wickelt die Fäden um eine Gabel und dreht diese in der roten Flüssigkeit. Dann hebt sie die Gabel hoch und die Köstlichkeit verschwindet in ihrem Mund.

„Mmm! Spaghetti esse ich am allerliebsten", sagt Ellie und wickelt sich eine neue Ladung Fäden auf ihre Gabel.

Mit großen Kulleraugen schaue ich sehnsüchtig auf Ellies Teller. Dann stupse ich Ellie vorsichtig an.

Ellie schaut mich an und fragt: „Papa, darf ich Nicki probieren lassen?"

„Nein, auf keinen Fall! Wir haben doch besprochen, dass er nichts vom Tisch bekommt."

„Ja, ich weiß! Aber er schaut mich so bittend an", sagt Ellie und senkt den Kopf tief über ihren Teller.

„Da müssen wir hart bleiben, denn das Betteln bei Tisch darf er sich nicht angewöhnen", mischt sich Ellies Mama ein.

Unruhig rutsche ich hin und her und stupse Ellie etwas energischer an.

„Wuff!", mache ich mich lautstark bemerkbar. Ellie wird mich doch wohl nicht verhungern lassen und die Fäden allein aufessen?

Lange kann Ellie meinem flehenden Blick nicht widerstehen und steckt mir ganz schnell einen von den langen rot gefärbten Fäden zu. Den schnappe ich mir und verkrieche mich damit unter den Tisch. Gierig schlucke ich den Faden in mich hinein. Der Faden nimmt kein Ende. Ich schnappe nach Luft. Dieses Ding steckt schon zur Hälfte in meinem Magen und immer noch baumelt ein ganzes Stück heraus.

Das ist ja furchtbar und schmeckt auch gar nicht gut. Ich gebe einige Würgegeräusche von mir, um das Ding loszuwerden.

„Was sind das für seltsame Geräusche? Wo ist Nicki?" Ellies Papa schaut unter den Tisch und erkennt sofort meine missliche Lage.

Rasch zieht er den Faden aus meiner Schnauze. Gott sei Dank! Meine Kehle ist frei und ich kann wieder atmen.

„Brrr!", schüttele ich mich. Das ist ja noch mal gut gegangen. Wie können Ellie nur so komische Sachen schmecken?

„Siehst du nun, was passieren kann, wenn du Nicki vom Tisch fütterst?", fragt Ellies Papa streng.

„Ja Papa! Das war unüberlegt und ich tue es bestimmt nicht wieder", antwortet Ellie kleinlaut.

Ich nehme Ellie diesen kleinen Zwischenfall nicht übel. Was kann Ellie dafür, dass der Faden so lang und nicht besonders gut war? Womöglich schmeckt ein anderer Faden von Ellies Teller viel besser. Ich setze mich wieder neben Ellies Stuhl und sehe sie bettelnd an. Doch dieses Mal hoffe ich vergebens.

Ellie bleibt folgsam und so sehe ich mich in der Küche nach meinem eigenen Futter um. Eine Schüssel ist mit Wasser gefüllt, aus der anderen duftet es wunderbar nach Rindfleisch mit Hundeflocken.

„Guten Appetit!" Ellies Papa sieht schmunzelnd zu, wie ich mich über mein Futter hermache.

Ich esse alles auf und lecke die Schüssel blitzblank.

Mmm! Das hat ja so gut wie im Tierheim geschmeckt. Karin hat bestimmt erzählt, was ich am liebsten esse. Hoffentlich hat sie auch die geriebenen Karotten mit Reis erwähnt, die ich so gerne mag.

Satt und zufrieden liege ich unter dem Tisch neben Ellies Füßen.

Jetzt wäre ein Nickerchen auf Ellies Himmelbett nicht schlecht. Doch ich bleibe lieber in Ellies Nähe und höre ihr zu. Ellie erzählt ihren Eltern gerade von meiner Pflegemama – und dass Senta genau die richtige Begleitung für Tante Susi wäre.

„Ruf deine Schwester doch mal an, Papa", bittet Ellie. „Es wäre so toll, wenn Senta auch ein richtiges Zuhause hätte."

Ich würde gerne noch erfahren, wer Tante Susi ist und was Ellies Papa von einem Anruf bei ihr hält. Doch das Zuhören fällt mir schwer, denn dauernd klappen meine Augen zu.

Ach, ist das schön eine eigene Familie zu haben!

Erste Bekanntschaften

„Komm, Nicki, wir gehen Gassi." Ellie wedelt mit einer langen Schnur vor meiner Nase herum.

Ich bin sofort wach und bereit zum Spielen. Mit der Pfote versuche ich die Schnur zu erwischen.

Doch Ellie fackelt nicht lange, sondern befestigt die lange Schnur an meinem Halsband.

„Das ist deine Ausgehleine, die brauchen wir zum Gassigehen."

Ellie zieht an der Leine und ich stemme mich mit beiden Beinen fest auf den Boden. Keinen Schritt gehe ich freiwillig an dieser Schnur. Ellie hat mich mit der Leine bis in den Flur gezogen. Vergeblich versuche ich das Ding zu zerbeißen.

„Du musst sicher mal dein Beinchen heben, nicht wahr? Nun komm doch schon!"

Jetzt horche ich auf. „Sag das doch gleich!", kläffe ich Ellie empört an. „Ich dachte, wir spielen."

Natürlich muss ich – und zwar schon eine ganze Weile.

Willig folge ich Ellie in den Garten und hebe erleichtert mein Beinchen am nächsten Busch.

Endlich lerne ich den Garten kennen. Ich beschnuppere alles ganz genau.

Ringsherum ist er von hohen Büschen umgeben. In der Mitte ist eine kleine grüne Rasenfläche mit einer weißen Bank. An der Seite sind einige bunte Blumenbeete. Von hier aus kann ich sehr gut den Balkon sehen, den ich vorhin mit einem Garten verwechselt habe.

Vergnügt tolle ich auf der Wiese herum und wälze mich auf der weichen Grasfläche. Bis sich die Leine völlig verheddert hat und Ellie mich befreien muss.

Während Ellie mit der Leine beschäftigt ist, entdecke ich auf der Wiese lauter winzige Krabbelwesen, die geschäftig hin und her laufen. Einige schleppen kleine Blätter oder Beeren mit sich herum. Was geht hier vor und wo laufen die alle hin? Mit der Nase auf der Erde verfolge ich die Spur der kleinen Tierchen, die quer über den Rasen führt. Die Spur endet in einem Loch im Blumenbeet. Hier herrscht ein heilloses Durcheinander. Es wimmelt nur so von kleinen Tierchen.

„Was treibt ihr hier?“, versuche ich ein Gespräch anzufangen.

„Geh aus dem Weg, du Tollpatsch! Du machst unsere Straße kaputt“, bekomme ich von einer piepsigen Stimme unfreundlich zu hören.

„Wozu braucht ihr eine Straße?“, lasse ich nicht locker.

„Damit wir unser Essen besser in die Vorratskammer transportieren können." Der kleine Winzling, der das gesagt hat, steht direkt vor meiner Nase und fragt ziemlich unverschämt: „Reicht dir die Antwort, damit du endlich abhaust?"

Essen und Vorratskammer? Ja, das reicht mir! Tief stecke ich meine Nase in das Erdloch, um die Vorratskammer und das Essen genau zu erschnüffeln.

Sofort hängen viele dieser kleinen Tierchen an meiner Nase und krabbeln über mein Gesicht und die Ohren.

„Igitt! Runter von mir!", belle ich die kleinen Quälgeister an. Was für ein unangenehmes Gefühl! Ich versuche sie mit den Pfoten abzuschütteln.

„Was hast du denn da entdeckt?" Ellie eilt schnell herbei.

„Herrje! Das sind ja Ameisen. Komm, ich helfe dir sie loszuwerden." Ellie schubst mit ihren Händen die Ameisen auf die Erde zurück.

Kaum bin ich die Tierchen los, stürze ich mich erneut auf das Blumenbeet.

Ich fange energisch an zu buddeln, um die Vorratskammer auszugraben. Doch Ellie zieht mich rasch fort.

„Das mag Mama bestimmt nicht leiden, wenn du hier Löcher gräbst. Sie ärgert sich schon genug über die Ameisen in ihren Beeten."

Widerstrebend lasse ich mich fortziehen. Die Vorratskammer der Ameisen hätte ich zu gern gesehen.

„Wir gehen lieber auf die Straße, den Garten kennst du ja nun."

„Au ja! Wuff!", belle ich. Jetzt will ich sehen, was auf der Straße los ist.

Kaum habe ich meinen Kopf neugierig auf die Straße gesteckt, da ertönt ein lauter Warnruf.

„Halt! Vorsicht! Ich komme!"

Direkt an meiner Nase saust ein komisches Brett vorbei. Obendrauf steht ein Junge und fuchtelt wie wild mit den Armen in der Luft herum.

Ellie hat mich schnell bis an die Gartenhecke zurückgezogen. Zutiefst erschrocken ducke ich mich auf dem Boden zusammen.

Dieses dumme Brett hätte mich beinahe überfahren!

Mit einem kreischenden Geräusch dreht das Brett eine Kurve. Zusammen mit dem Jungen kommt es schon wieder auf mich zu. Im letzten Moment bremst es ab.

Ein Klacken und das Brett fliegt durch die Luft.

Zack! Der Junge, der eben noch auf dem Brett stand, hält es plötzlich in der Hand. Puh! Das ist ja gerade noch mal gut gegangen.

„Hallo Ellie! Gehst du spazieren?"

Ellie hat die ganze Zeit gar nichts gesagt und auch jetzt nickt sie nur.

Sie hat ganz rote Wangen. Bestimmt ist sie genauso wütend wie ich. Dieses dumme Brett!

„Grrr!“ Ich springe mutig hoch und versuche nach dem Brett zu schnappen.

Der Junge lacht und hält das Brett noch ein Stückchen höher.

„Wen haben wir denn da? Einen Wachhund?“

„Wau, wau, wau!“ Ich bin sauer und rege mich furchtbar auf.

Ellie versucht mich zu beruhigen. Sie nimmt mich hoch und ich sehe mir den Jungen genauer an. Seine Haare sind genauso blond wie die von Ellie, nur viel kürzer und sie stehen nach allen Seiten ab. Das sieht irgendwie lustig aus. Auf seinem Hemd ist das doofe Brett abgebildet und die Jeanshose ist über den Knien abgeschnitten. Dafür hat er dicke Polster um die Knie und die Ellbogen gebunden. Eigentlich sieht er nicht gefährlich aus, sondern eher nett. Ellie findet das wohl auch. Sie lächelt ihn freundlich an und der Junge lächelt zurück. Ellies Gesicht ist noch immer ganz rot.

„Darf ich vorstellen? Das ist mein Hund Nicki. Nicki, das ist Justus! Wir gehen zusammen zur Schule.“

Die erste Nacht

Ich habe mich inzwischen wieder einigermaßen beruhigt. Wenn nur dieses Brett nicht wäre! Es leuchtet in vielen Farben und sieht aus, als würde es gleich wieder auf mich losstürmen.

„Habe ich dir Angst gemacht? Das wollte ich nicht.“ Justus stellt das Brett auf die Erde, geht in die Hocke und streichelt mich.

„Wenn ich mich nicht täusche, ist das ein Dalmatiner?“, wendet er sich Ellie zu. „Ich mag diese Rasse nämlich besonders gern.“

„Ja“, sagt Ellie. „Mir hat er auch auf den ersten Blick gefallen.“

„Dieser Justus scheint ganz in Ordnung zu sein“, denke ich, während er mich streichelt.

„Ich habe in einem Tierbuch gelesen, dass es sehr kluge und besonders intelligente Hunde sein sollen.“ Justus schaut Ellie fragend an.

„Ja, das stimmt! Nicki hat es vorhin gerade eindrucksvoll bewiesen“, lächelt Ellie leise vor sich hin.

„Hoffentlich denkt Ellie dabei an die Sache mit dem Körbchen und nicht an den Zwischenfall beim Mittagessen“, überlege ich beunruhigt.

Justus erhebt sich, versetzt dem Brett einen Stoß und es rollt von ganz allein.

„Na, Ellie! Wie wäre es mit einer Probefahrt? Hast du Lust?"

„Aber klar! Hier, halt mal."

Ellie drückt Justus meine Leine in die Hand und stellt sich auf das Brett. Ganz langsam rollt sie auf dem Gehweg dahin. So schnell wie Justus ist sie zum Glück nicht. Misstrauisch beobachte ich das Brett, doch nichts geschieht. Ellie kommt heil zurück.

„Ich muss noch viel üben, bis ich so wie du Skateboard fahren kann."

„Ich kann es dir ja beibringen. Wie wäre es, wenn wir uns mal verabreden? Dann zeige ich dir auch einige Tricks."

Ellies Wangen färben sich schon wieder verdächtig rot.

„Ja, toll! Das fände ich wirklich super."

„Ich kann dir zum Beispiel die Kurventechnik beibringen und wie man aus voller Fahrt bremst und zum Stehen kommt", redet Justus eifrig weiter.

Ellie fängt laut an zu lachen und sagt: „Na, das haben wir ja eben hautnah miterleben dürfen. Das Bremsen beherrschst du wirklich gut."

„Wuff, wuff!", stimme ich bellend ein. Ellie ist wirklich schlagfertig.

Justus grinst verlegen. „Gott sei Dank! Sonst

hätte ich deinen Nicki womöglich noch verletzt. Das hätte mir wirklich Leid getan."

„Ist ja zum Glück nichts passiert", tröstet ihn Ellie.

Justus steht mit einem Fuß auf dem Brett. Mit dem anderen Fuß gibt er sich den nötigen Schwung. Während er davonrollt, ruft er laut: „Also, bis morgen in der Schule und es bleibt dabei, dass wir uns mal treffen!"

„Ja, abgemacht! Tschau Justus!" Ellie hebt kurz ihren Arm und sieht ihm nach, bis er um die Ecke gerollt ist.

Aufmerksam habe ich zugehört. Das bedeutet also, dass ich diesen Justus in Zukunft öfter sehen werde. Ellie mag ihn und das Skateboard. Nun, wenn Ellie ihn mag, dann mag ich Justus eben auch. Von mir aus sogar mit dem dummen Brett.

Wir gehen noch ein Stückchen die Straße entlang. Es riecht hier aufregend und interessant. Ab und zu hebe ich mein Beinchen und markiere unseren Weg. Für alle Fälle, falls Ellie den Heimweg nicht findet.

Inzwischen ist es ziemlich dunkel geworden und Ellie drängt nach Hause.

Zu Hause setzt sich Ellie an ihren Schreibtisch und schreibt eifrig in ein kleines gelbes Büchlein.

Ich beobachte, dass Ellie dabei still vor sich hin lächelt.

„Hallo! Ich bin auch noch da!", versuche ich Ellies Aufmerksamkeit auf mich zu lenken.

„Nicki, lass das sein!" Ellies Stimme klingt unwillig. „Stör mich jetzt nicht!"

Doch gleich darauf legt sie den Stift beiseite und klappt das gelbe Buch zu. Vorn auf dem Umschlag prangt ein rotes Herz. Sie schiebt das Buch in eine gelbe Hülle mit zwei Henkeln und verstaut es in einer Schublade.

„Das ist mein geheimes Tagebuch. Hier schreibe ich alles hinein, was ich erlebe. Wenn ich mich über etwas gefreut oder geärgert habe oder wenn etwas ganz Wunderbares passiert ist."

Was das Wunderbare ist, kann ich mir schon denken. Schließlich gehöre ich jetzt zur Familie. Bestimmt hat sie über mich geschrieben. Denn Justus und sein Skateboard sind doch bestimmt nichts Wunderbares, über das man schreiben könnte.

Müde liege ich nach diesem ereignisreichen Tag in meinem Körbchen und kann trotzdem nicht einschlafen.

Ellie schläft schon lange in ihrem Himmelbett. Seit Ellies Eltern zu Bett gegangen sind, ist es ganz still im Haus. Zu still für mich. Ich fühle mich auf einmal so verlassen.

„Jaaauuu! Jaaauuu!", heule ich meine Einsamkeit in die Stille hinaus.

Mir fehlt die vertraute Nähe von Sentas kuscheligem Fell. „Jaaauuu!"

Wenn ich doch wenigstens bei Ellie schlafen dürfte! „Jaaauuu!"

„Pssst! Nicki, nicht so laut!" Ellie ist aus ihrem Zimmer gekommen und steht verschlafen vor mir.

„Nimm mich mit! Nimm mich mit in dein Bett", belle ich ziemlich laut. Meine bettelnden Augen sind dabei auf Ellie gerichtet.

„Sei leise, Nicki! Du wirst noch Papa und Mama aufwecken", flüstert Ellie.

Da ist es schon passiert. Die Schlafzimmertür geht auf und Ellies Papa kommt gähnend heraus. „Du kannst aufhören mit dem Lärm, Nicki. Wir sind alle wach."

„Jaaauuu!", heule ich und lege meinen ganzen Kummer in dieses Jaulen.

Die beiden stehen vor dem Körbchen und schauen mich an.

„Was hat er denn nur?", fragt Ellies Papa ratlos. „Sein Körbchen hat ihm doch heute Mittag so gut gefallen."

„Bitte Papa! Darf ich Nicki mit zu mir nehmen? Vielleicht beruhigt er sich dann."

Genau das ist es, was ich will. Ellie versteht mich. Ich höre auf zu jaulen und spitze erwartungsvoll die Ohren.

Aber Ellies Papa verscheucht sofort meine Hoffnung auf eine Nacht in Ellies Himmelbett.

„Nein! Darüber waren wir uns doch einig. Einmal den Hund im Bett heißt: immer den Hund im Bett. Nicki muss lernen im Körbchen zu schlafen."

Inzwischen ist auch Ellies Mama aufgewacht und hinzugekommen. Sie sieht sofort, was mit mir los ist und streichelt zärtlich über mein Fell.

„Ach du Armer! Du hast wohl noch nie allein geschlafen und fühlst dich verlassen? Darüber habe ich erst kürzlich etwas gelesen."

Sie geht in die Küche und zieht Ellie hinter sich her. „Ich weiß einen Trick, wie wir Nicki helfen können, dass er sich nicht so einsam fühlt."

Wollen die mich etwa mit Essen trösten? Das wird nicht funktionieren. Kummervoll schaue ich Ellies Papa an. Dabei lasse ich die Küchentür nicht aus den Augen.

Ellies Mama hält etwas in der Hand, als sie aus der Küche kommt.

„So, mein Kleiner. Gleich wird es dir besser gehen."

Neugierig beschnuppere ich das Bündel, das nun neben mir liegt. Nach Essen riecht es kein bisschen. Es riecht nach Ellie und fühlt sich warm an. Das Ding macht sogar Geräusche.

„Tick, tick, tick!" Ich lausche angestrengt diesem Geräusch.

Es ist, als ob Senta neben mir liegt. Ja, ich höre geradezu ihr Herz schlagen. Ganz eng kuschele ich mich an das Bündel. Dabei habe ich den Geruch von Ellie in der Nase. Ich stoße erleichtert einen tiefen Seufzer der Zufriedenheit aus.

„Ich glaube, unsere Nachtruhe ist gerettet. Was eine Wärmflasche, Ellies Strickjacke und ein Küchenwecker doch ausmachen!“

Alle drei stehen vor meinem Körbchen und lächeln.

Auf einmal fühle ich mich sicher und geborgen. Meine Augen fallen ganz von allein zu. Im Halbschlaf höre ich Ellie noch „Gute Nacht, Nicki!“ sagen.

Als ihre Zimmertür ins Schloss fällt, schlafe ich schon tief und fest.

Im Traum bin ich wieder im Tierheim. Ich erzähle Senta von den aufregenden Ereignissen des ersten Tages im neuen Zuhause. Ich berichte von Tante Susi, die ich nicht kenne, aber die dringend eine Begleitung braucht. Senta sagt nichts, nur ihr Herz klopft laut und vernehmlich. „Tick, tick, tick!“

Das Geheimnis des kleinen Mannes

„Hallo Nicki! Aufwachen! Wir wollen doch heute zu Katja gehen."

Ellie steht vor dem Körbchen, in dem ich zusammengerollt liege. In der Hand hält sie meine Ausgehleine.

Im ersten Moment schaue ich Ellie verblüfft an. Dann fällt es mir wieder ein. Ich habe ja seit gestern eine eigene Familie.

„Gääääähn!" Ich strecke meine Pfötchen so lang aus, wie es nur geht. Danach schüttele ich mich tüchtig, damit die Müdigkeit vergeht.

Ach ja! Heute werde ich Ellies Freundin Katja kennen lernen. Ich bin sofort hellwach und laufe zur Haustür. Wenn nur diese Leine nicht wäre. Katja wohnt doch ganz in der Nähe.

Aber Ellie ist unerbittlich und hält mich fest.

„Wir müssen eine große Straße überqueren, auf der eine Menge Autos fahren. Das ist ohne Leine viel zu gefährlich."

So schlimm finde ich die Straße gar nicht. Ich habe mich schnell an die vielen neuen Geräusche gewöhnt. Doch dann kommen wir an eine besonders breite Straße. Hier fahren tatsächlich ganz viele Autos. Ellie bleibt vor den schwarzweißen Streifen stehen, die auf die Straße gemalt sind.

„Das dauert bestimmt ewig, bis wir da hinübergehen können. Nicht eine winzige Lücke ist zwischen den Autos zu sehen“, denke ich sorgenvoll.

Doch schon halten die Autos an und wir können die Straße überqueren. Es dauert gar nicht lange, da hält Ellie vor einem Gartentor.

Wir treten ein und stehen auf einem Weg, der sich zwischen Bäumen und Büschen hindurchschlängelt.

„Wuff!“ Ich bin total hingerissen. Katja scheint in einem Garten zu wohnen. Ein Haus ist jedenfalls weit und breit nicht zu sehen.

„He, Katja! Wir sind da. Wo steckst du?“

Keine Antwort. Dafür kracht und knackt es neben mir und jemand springt aus den Büschen.

„Buuuh!“

Ich ducke mich erschrocken und schaue zu Ellie.

„Na! Ist mir die Überraschung geglückt?“

Ellie bleibt ganz ruhig. „Ach Katja! Lass den Unfug. Damit kannst du niemanden erschrecken.“

„Niemanden? Dann schau dir doch einmal deinen Nicki an.“

Ich habe mich hinter Ellie versteckt und schaue Katja ängstlich an.

Katja lacht, geht in die Hocke und schnipst mit ihren Fingern.

„Komm her, Kleiner. Ich bin gar nicht so schrecklich, wie ich aussehe."

Schwanzwedelnd nähere ich mich und schnuppere an Katjas Jeans, die völlig ausgefranst um ihre Beine schlackert. Aus ihrer Bluse ist sie scheinbar herausgewachsen, die ist ja viel zu kurz. Aber schrecklich? Nein, Katja sieht nicht schrecklich aus. Auf mich wirkt sie vielmehr wie ein Junge. Ihre Haare sind fast so kurz wie mein Fell und ganz schwarz.

„Da hast du dir aber ein besonders schönes Exemplar ausgesucht."

Katja begutachtet mich von allen Seiten und streichelt mich dabei.

„Wir werden bestimmt gute Freunde werden. Los, Ellie. Nimm ihm die Leine ab. Hier braucht er keine."

Das ist ganz in meinem Sinn. Katja scheint sehr nett zu sein. Jetzt will ich aber die anderen Tiere sehen und vor allem diese Minka kennen lernen.

Zu meiner Enttäuschung entpuppen sich die Tiere als recht langweilig. Alle sind eingesperrt und können nicht frei herumlaufen. Das Meerschweinchen heißt „Rudi" und quiekt vor Schreck, als es mich sieht. Sein rötliches Fell steht nach allen Seiten ab, genau wie die Haare von Justus. Die beiden Springmäuse hopsen in ihrem Käfig herum und beachten mich gar nicht. Von Walter, dem Hamster, ist auch nichts zu sehen. Der schläft in seinem Häuschen.

„Ja, Nicki, Walter schläft den ganzen Tag. Er wird erst abends wach, doch dann ist er putzmunter", erklärt mir Katja.

Sie hebt das Häuschen hoch und da liegt der Bursche in seinem Strohbett. Mein Besuch interessiert ihn kein bisschen. Er wühlt sich gleich noch ein Stückchen tiefer in das Stroh.

Ich fasse es nicht. Den Tag verschlafen? Vielleicht liegt es daran, dass Walter schon ziemlich alt ist?

„Wo ist denn Minka?" Ellie stellt die Frage, die mich schon die ganze Zeit beschäftigt.

„Die ist mit Oma Dorothea beim Tierarzt. Sie hat Zahnschmerzen."

„Oje, die Ärmste", bemitleidet sie Ellie. „Da wird Minka ja schlecht gelaunt sein."

Auf einmal stehen wir doch vor einem Haus. Bisher war es ganz versteckt hinter den hohen Bäumen. Mit den grünen Fensterläden und den braunen Holzbalken passt es wunderbar in den Garten.

„Komm, Ellie, ich habe eine neue CD. Die können wir uns in aller Ruhe anhören, solange Oma weg ist."

Ach du Schreck! Katja mag also auch diese laute Musik.

„Nicki kann ja hier im Garten bleiben."

Prima, das ist mir auch viel lieber. Der Garten ist ja viel größer als unserer, den will ich mir ganz genau ansehen. Ich laufe kreuz und quer durch die Büsche und schnuppere auf der Erde. Hier riecht es überall so aufregend. Mit den Pfoten wühle ich in einem Erdloch. Dann laufe ich weiter zu einem Beet mit riesigen großen Blättern und stehe plötzlich vor einem Teich. So viel Wasser auf einmal. Vorsichtig stecke ich meine Pfote in das Wasser.

„Brrr! Ist das kalt!", belle ich erschrocken. Schüttele mein Fell und gehe einige Schritte zurück.

Hier gehe ich lieber nicht weiter, doch plötzlich verspüre ich Durst. Zum Trinken ist das Wasser nicht zu kalt. Genüsslich schlappere ich mit meiner Zunge ein bisschen Wasser.

„Haben Sie schon Eintritt bezahlt?", ertönt plötzlich eine hohe Stimme.

„Wuff, Wuff!" Wer hat das gefragt? Ich schaue mich um.

„Sie müssen hier Eintritt zahlen." Diesmal klingt die Stimme drohend.

Ich kann niemanden entdecken. Doch halt! Da ist doch was. Da steht doch einer. Vorsichtshalber betrachte ich ihn aus sicherer Entfernung.

Neben dem Teich steht ein winzigkleiner Mann in einer grünen Latzhose. Er hat eine rote Mütze auf. In der Hand hält er eine Angelrute, die drohend auf mich gerichtet ist.

„Ich habe nicht gewusst, dass ich Eintritt zahlen muss“, belle ich schüchtern.

„Hä, hä, hä!“, keckert der kleine Mann. „Das kann ja jeder sagen.“

„Aber ich bin zum ersten Mal hier. Muss ich da auch bezahlen?“

„Natürlich! Was haben Sie denn gedacht?“, kommt die unwirsche Antwort.

„Ich habe kein Geld dabei“, sage ich kleinlaut.

„Das ist Ihr Problem, nicht meines“, kräht der kleine Mann.

„Aber ich bin von Katja eingeladen“, werde ich immer ängstlicher.

„Katja? Kenn ich nicht! Her mit der Kohle!“, zetert der Mann erneut.

„Außerdem kostet Wasser trinken extra.“

Jetzt wird mir das zu unheimlich. Ich will weg hier. Ich will zu Ellie!

„Wuff, Wuff! Ellie, wo bist du? Wo ist das Haus?“

Hinter mir höre ich den kleinen Mann unheimlich kreischend lachen.

Ich drehe mich um und laufe so schnell ich kann. Nur weg von hier!

Auf meiner Flucht lande ich am Tor, das gerade in diesem Augenblick aufgeht. Eine dicke, rundliche Frau mit einem Korb in der Hand tritt ein. Auf dem Kopf hat sie lauter kleine silberne Löckchen. Das muss Oma Dorothea sein.

„Wau, wau, wau!“, kläffe ich aufgeregt und verstecke mich hinter Oma Dorothea. „Beschütz mich bitte!“

„Huch!“ Oma Dorothea schreit laut auf. „Wo kommt denn der Hund her?“

Vor Schreck lässt sie den Korb fallen. Der Deckel geht auf und ein dickes, schwarzes Tier springt blitzschnell heraus.

„Miau! Hau ab hier! Miau!“, faucht es vor meiner Nase und schlägt mit der Pfote nach mir.

Auch das noch! Minka ist eine Katze. Denen bin ich schon im Tierheim aus dem Weg gegangen. Weiß Ellie denn nicht, dass Katzen keine Hunde leiden können? Oder war das umgekehrt?

Der schreckliche Anton

Ich bin völlig durcheinander. Oma Dorothea ist auch keine Hilfe. Sie dreht sich im Kreis und schimpft auf Minka und auf mich. Auf einmal bleibt sie stehen und hat scheinbar eine gute Idee.

„Katja!“, schreit sie laut. „Katja!“

Ich habe aufgehört zu bellen und staune über Oma Dorotheas Stimme. Meine Güte! Die kann aber laut schreien.

Es dauert auch nicht lange und Katja und Ellie kommen eilig angelaufen.

„Was macht der Hund hier im Garten? Hast du schon wieder ein neues Tier angeschleppt?“

„Ach Omilein! Reg dich doch nicht so auf. Das ist Nicki und er gehört meiner Freundin Ellie. Die kennst du doch.“

„Ja, natürlich! Tag Ellie. Da bin ich aber froh.“ Oma Dorothea ist noch ganz aufgeregt.

„Es wird Zeit, dass Katjas Eltern von der Studienfahrt in die USA zurückkommen. Als Pflegemama eigne ich mich nicht besonders. Katja tanzt mir langsam, aber sicher auf der Nase herum. Dauernd bringt sie neue Tiere mit nach Hause.“

Pflegemama? Höre ich richtig? Oma Dorothea ist eine Pflegemama wie Senta? Dann mag ich sie jetzt schon. Pflegemamas sind immer lieb, auch wenn sie mal laut schreien.

Oma Dorothea kann sich noch immer nicht beruhigen. „Bestimmt liegt es daran, dass ich Katja früher zu viel von Pippi Langstrumpf vorgelesen habe. Wenn das so weitergeht, macht sie aus meinem Häuschen noch eine Villa Kunterbunt. Ich hätte ihr lieber von der frommen Helene vorlesen sollen."

Katja und Ellie lachen und ich schaue Oma Dorothea verblüfft an. Wie kann man in so kurzer Zeit nur so viel erzählen?

Sogar Minka ist jetzt friedfertig und schleicht davon. Sie schaut durch mich hindurch und beachtet mich gar nicht mehr. Vielleicht hat sie noch immer Zahnschmerzen.

Oma Dorothea beruhigt sich langsam. „Ein Hund hätte mir jetzt gerade noch gefehlt. Mir reicht der Ärger mit diesem schrecklichen Anton nämlich völlig aus."

Anton? Von wem spricht Oma Dorothea? Vielleicht von dem kleinen Mann in der grünen Latzhose? Hat Oma Dorothea womöglich auch keinen Eintritt bezahlt? Das scheint interessant zu werden.

Vorerst richtet sich Oma Dorotheas Aufmerksamkeit jedoch auf mich.

„Du siehst ja allerliebst aus. Nur schade um das weiße Fell."

Sie dreht sich zu Ellie um und fragt: „Warum hast du ausgerechnet einen weißen Hund genommen?"

„Aber Omilein!", kommt Katja Ellie zuvor. „Seit wann hast du etwas gegen die Farbe Weiß einzuwenden?"

„Weiß schmutzt immer so schnell. An den Ohren und am Rücken hat er sich schon ganz schmutzig gemacht."

Entsetzt habe ich zugehört. Was hat Oma Dorothea gegen mein schönes getupftes Fell?

Katja platzt fast vor Lachen: „Omilein! Du bist richtig süß. Die Flecken sind doch kein Dreck."

Ellie ist ganz verlegen. „Nicki gehört zur Rasse der Dalmatiner. Man bezeichnet sie auch als Tigerhunde. Einige Hunde haben mehr Tupfen, andere – wie Nicki – haben weniger. Das Tupfenmuster sieht bei jedem Hund anders aus. Nicki ist daher einzigartig und unverwechselbar."

Mit wachsender Begeisterung habe ich Ellie stolz zugehört. Das habe ich ja gar nicht alles gewusst.

Oma Dorothea ist die ganze Sache peinlich. „Herrje! Immer dieses neumodische Zeug. Außerdem habe ich doch auch meine Brille nicht auf."

Ich bin zufrieden, dass Oma Dorothea nichts gegen mich persönlich hat.

Aber Katja kann nicht aufhören zu lachen. Selbst Ellie kichert, als sie hinter Oma Dorothea ins Haus geht.

Ich bleibe stehen, denn von fern erklingt Minkas wütendes Fauchen. Gleichzeitig ertönt ein krächzendes Lachen. Jetzt hat Minka auch Ärger mit dem kleinen Mann.

„Aua! Wuff, wuff!“ Ich drehe mich erschrocken um. Etwas hat mich am Rücken getroffen und fürchterlich gezwickt. Da, schon wieder! Diesmal hat es mich am Ohr erwischt. Ich habe gerade noch einen Schatten davonflitzen sehen.

„Sie haben immer noch keinen Eintritt bezahlt“, ertönt die hohe Stimme.

Der kleine Mann! Hab ich es doch geahnt!

„Bellen im Garten kostet auch extra!“, keckert es auf einmal direkt über mir.

Ich drehe meinen Kopf blitzschnell herum. Zu meinem Erstaunen sitzt oben auf der Dachrinne jedoch nicht der kleine Mann, sondern ein schwarzes Bündel auf zwei Pfoten. Ein kreischendes Lachen kommt aus dem sperrangelweit aufgerissenen, gelben Schnabel.

Du meine Güte! Das sind ja gar keine Pfoten. Die sehen aus wie Finger. Und das scheint auch kein Fell zu sein. Das sieht so aufgeplustert aus wie ein Staubwedel.

Der Bursche auf der Dachrinne taumelt. Er kann sich vor Lachen nicht mehr halten.

„Vorsicht! Du fällst noch runter“, belle ich.

„Na und!“, krächzt er und lässt sich einfach fallen. Dabei plustert er sich noch dicker auf und landet direkt vor meiner Nase.

Sicherheitshalber trete ich den Rückzug an. Der Schnabel wirkt aus der Nähe doch sehr bedrohlich.

„Gestatten, Anton, der schreckliche Rabe. Ich kontrolliere hier die Eintrittskarten.“ Vergeblich bemüht er sich sein krächzendes Lachen zu unterdrücken.

„Ich bin Nicki, ein Tigerhund!“, versuche ich ihn einzuschüchtern.

„Gib nicht so an. Du bist ein weißer Hund, der sich schmutzig gemacht hat“, keckert Anton vergnügt.

„Du hast uns belauscht. Gib es zu!“

„Natürlich! Das mache ich immer. Woher soll man sonst das Neueste erfahren?“

Langsam fasse ich Vertrauen. Aber ganz geheuer ist Anton mir noch nicht.

„Wie kann man nur mit zwei Pfoten auf die Welt kommen? Jeder muss doch vier Pfoten haben.“

„Wozu denn?“, keckert Anton. „Wenn man vier Pfoten hat, dann hat man ja viel mehr Arbeit, um sie sauber zu halten.“

Ich schaue Anton verblüfft an. „Aber selbst die Menschen haben vier Pfoten, wenn sie auch selten Gebrauch davon machen. Wenn ich mit Ellie tobe, krabbelt sie manchmal auf vier Pfoten."

„Sieh her!" Anton kommt ein ganzes Stück näher. „Ich kann gut mit zwei Pfoten leben, weil ich dafür noch zwei Flügel aus Federn habe. Das ist sehr praktisch."

Skeptisch betrachte ich Antons Flügel. Doch plötzlich bleibe ich wie angewurzelt stehen. Vom Haus her erklingt auf einmal Musik. Ganz sanft und leise und dann ertönt eine liebliche Frauenstimme und singt ganz wunderbar. Das hört sich ja ganz anders an als die laute Musik, die Ellie und Katja sonst spielen.

„Wer macht diese schöne Musik?" Ob Anton zwei oder vier Pfoten hat, ist mir auf einmal ganz egal.

„Die kommt von Oma Dorothea. Immer wenn sie sich aufgeregt hat, spielt sie zur Beruhigung auf dem Klavier", erklärt Anton.

„Das hört sich super an! Aber ich höre doch noch eine Stimme singen. Wer singt denn zu der Musik?"

„Das ist auch Oma Dorothea!", kichert Anton. „Wenn sie sich ganz arg aufgeregt hat, singt sie auch noch dazu."

„Die kann aber wunderschön singen. So schön kann also Musik sein." Ich bin ganz begeistert und lausche mit gespitzten Ohren.

„Übrigens!“, keckert Anton plötzlich in mein Ohr. „Musik hören kostet extra Eintritt!“

Ich zucke erschrocken zusammen. „Anton, du bist tatsächlich schrecklich! Oma Dorothea hat wirklich Recht, wenn sie das sagt.“

Ein süßer Duft steigt mir auf einmal in die Nase. So etwas habe ich ja noch nie gerochen! „Was ist das? Wo kommt dieser Duft auf einmal her?“

„Hoppla!“ kräht Anton. „Da hat sich unsere Oma Dorothea heute aber wirklich ganz schlimm aufgeregt. Doch dieses Mal bin ich nicht daran schuld.“

„Wer dann?“, frage ich unschuldig.

„Na, du natürlich! Wegen dir hat sie sich so aufgeregt.“ Anton schlägt wild mit den Flügeln.

„Aber du hast mich doch in Angst und Schrecken versetzt. Deswegen habe ich Oma Dorothea beinahe umgerannt“, verteidige ich mich energisch.

„Das ist doch jetzt nicht mehr wichtig, wer schuld ist!“, lenkt Anton ein.

Ich kann mich mit Antons Antwort einfach nicht zufrieden geben. „Doch! Denn irgendwie hat das mit diesem wunderbaren Geruch zu tun.“

„Ja! Und deswegen solltest du mir auch dankbar sein.“

Ich sitze mit offener Schnauze da und starre Anton erstaunt an.

„Du kannst deinen Schnabel wieder zumachen“, kichert Anton. „Ich erkläre es dir ganz von vorn. Erstens: Wenn Oma Dorothea sich aufgeregt hat, spielt sie Klavier. Kapiert? Zweitens: Wenn sie sich ganz arg aufgeregt hat, dann ...!“

„Singt sie dazu!“, unterbreche ich Anton einfach.

„Richtig! Du begreifst schnell.“ Anton lässt sich nicht aus der Ruhe bringen und fährt fort: „Drittens: Wenn sie sich maßlos aufgeregt hat, zum Beispiel über fremde weiße Hunde in ihrem Garten, dann fabriziert sie diesen herrlichen Duft.“

„Und wie macht sie das?“, frage ich fassungslos.

„Ganz einfach! Indem sie in die Küche geht und einen Kuchen backt“, trompetet Anton mir in die Ohren. „Der Duft kommt aus Oma Dorotheas Küche. Oma Dorothea backt den besten Rhabarberkuchen der Welt.“ Anton seufzt theatralisch und schmatzt dabei, als hätte er den Geschmack schon im Schnabel.

Diebe in der Küche

„Den Rhabarberkuchen würde ich zu gerne mal probieren.“ Mir läuft das Wasser in der Schnauze zusammen.

„Hähä! Das kannst du vergessen“, keckert Anton. „Oma Dorothea schließt die Küchentür immer fest zu. Komm, ich zeig's dir.“

Anton fliegt voraus und ich folge mit schnellen Sprüngen. Am Haus ist der herrliche Geruch besonders intensiv.

„Na, was hab ich gesagt? Immer dasselbe!“, krächzt Anton verdrossen vor der verschlossenen Küchentür.

Missgelaunt fliegt er auf eine andere Tür zu. Im Gegensatz zur Küche steht diese Tür weit auf.

„Ratzepüh, ratzepüh!“ Oma Dorothea sitzt in einem Sessel und gibt ganz sonderbare Geräusche von sich. Ihre Augen sind fest geschlossen. Bei jedem „püh“ wackeln ihre silbernen Löckchen auf dem Kopf.

„Nun ist sie bei der vierten Stufe angelangt!“, erklärt Anton gelangweilt. „Jetzt hat sie sich abreagiert, das heißt, sie hat sich beruhigt und macht ein Mittagsschläfchen.“

Ich lasse Oma Dorotheas Löckchen nicht aus den Augen. Jeden Augenblick erwarte ich, dass eins durch die Wackelei herunterfällt. Vielleicht kann ich es auffangen. Mit offener Schnauze warte ich auf diese Gelegenheit.

Anton hat sich auf die Sessellehne gesetzt und versucht Oma Dorotheas Geräusche nachzumachen. Dann hat er eine bessere Idee.

„Oma Dorothea ist manchmal ein wenig zerstreut. Vielleicht hat sie das Küchenfenster aufgelassen."

Wie ein Blitz fliegt er hinaus. Gleich darauf höre ich schon sein aufgeregtes Geschrei.

„Ich lach mich kaputt. Die Tür ist fest verschlossen und das Fenster steht sperrangelweit auf. Oma Dorothea ist manchmal doch schon recht tüttelig."

„Pssst! Schrei doch nicht so laut", flüstere ich erschrocken.

Oma Dorothea bewegt sich im Schlaf. Doch zum Glück wacht sie nicht auf.

Anton fliegt auf die Fensterbank und krakeelt gleich wieder los.

„Hä, hä, hä! Da steht er. Mitten auf dem Tisch. Ganz ohne Aufsicht."

Jetzt bin ich aber doch neugierig auf diesen sagenhaften Rhabarberkuchen. Das Fenster ist zu hoch für mich. Aber davor steht eine Bank. Vielleicht kann ich von dort aus die Fensterbank erreichen. Doch leichter gedacht als getan. Meine Vorderpfoten lege ich auf die Bank und versuche dann die Hinterbeine nachzuziehen.

„Nee, nee!", kräht Anton. „So wird das nichts. Versuch's mal mit Anlauf. Du rennst ganz schnell und wenn ich ‚Hopp' rufe, springst du hoch."

Also gut. Ich gehe einige Schritte zurück und laufe los. Als ich Antons „Hopp!" höre, springe ich.

Rumms! Das war die Bank. Ich bin mit voller Wucht von unten gegen die Bank gekracht. Benommen schüttele ich meinen Kopf. „Anton! Du Depp! Du musst doch eher ‚Hopp' rufen. Nicht erst, wenn ich schon unter der Bank bin."

„Hä, hä, hä!" Anton hält sich mit beiden Flügeln seinen Federbauch und lacht keckernd.

„Also noch mal! Diesmal rufst du aber früher!"

Kurz vor der Bank ruft Anton „Hopp". Gleichzeitig spüre ich ein Stechen an meinem Hinterteil. „Jaaauuu!" heule ich auf und springe vor Schmerz in die Höhe. Mit einem hörbaren Plumps lande ich auf der Bank.

Anton landet neben mir und hat etwas Weißes im Schnabel.

Aua! Mein Hintern zwickt ja immer noch.

„Krah, krah!" Anton ist ganz begeistert. „Wie gut, dass ich mit Zwicken nachgeholfen habe", kräht er stolz. Nebenbei spuckt er meine ausgerissenen Fellhaare aus dem Schnabel.

„Na weißt du!“, blaffe ich ihn nicht gerade begeistert an.

„Sei nicht so zimperlich! Hauptsache, es hat geklappt.“ Anton wedelt beschwichtigend mit seinen Flügeln.

Jetzt habe ich mir diesen Rhabarberkuchen aber redlich verdient. Von der Fensterbank kann ich den Kuchen auf dem Tisch sehen. Er duftet süß und verlockend, ist jedoch unerreichbar für mich.

Anton ist schon mitten auf den Tisch geflogen und pickt sich ein Stück aus dem Kuchen heraus. „Nun komm schon! Er schmeckt himmlisch.“

„Ich trau mich nicht. Es ist so tief bis zum Fußboden.“ Ängstlich schiele ich dabei in die Tiefe.

„Siehst du, wie vorteilhaft es ist, Flügel zu haben?“, kräht Anton.

Er schnappt sich mit dem Schnabel ein großes Stück und fliegt damit auf die Fensterbank. Dort legt er es mir direkt vor die Nase. Vorsichtig knabbere ich an dem goldgelben Kuchen. Dann lecke ich über den rotgrünen Belag.

„Mmmm! Das schmeckt aber gut!“

„Sag ich doch. Oma Dorotheas Kuchen ist einsame Spitze.“

Kauend und schluckend nicke ich Anton anerkennend zu.

„Achtung! Mach, dass du wegkommst.“ Anton saust blitzschnell über meinen Kopf zum Fenster hinaus.

Nanu? Was hat er denn auf einmal? Ein Geräusch in der Küche lässt mich herumfahren. Oma Dorothea steht mit hochrotem Kopf in der Küchentür.

„Nicki! Was machst du denn hier? Naschst du etwa?“ Oma Dorothea ist ganz entrüstet.

„Wuff, wuff! Nein, Oma Dorothea. Wo denkst du hin?“, belle ich.

„Das hab ich mir doch gedacht.“ Oma Dorothea deutet anklagend auf den Tisch. Mit der Hand fährt sie mir über die Nase. An ihren Fingern klebt rotgrüner Belag.

Mmmm! Noch mehr Rhabarberkuchen. Ich schlecke rasch ihre Finger ab.

„Du stibitzt also auch schon, Nicki?“, lächelt Oma Dorothea. „Hat es denn wenigstens geschmeckt?“

„Wuff, wuff! Und wie!“

Kopfschüttelnd steht sie vor mir und redet mit sich selbst. „Wie hat er das nur geschafft? Der Tisch ist doch viel zu hoch für ihn?“

Ach, Oma Dorothea! Besser, du weißt es nicht. Auf jeden Fall besser für Anton.

Ich springe von der Fensterbank. Das muss ich ihm erzählen. Wo steckt der Feigling überhaupt?

Anton sitzt quietschvergnügt auf der Dachrinne. Von dort hat er das weitere Geschehen in der Küche beobachtet und natürlich mal wieder gelauscht.

„So, so! Du stibitzt also auch!“, macht er Oma Dorothea Stimme nach. „Soll ich das mal deiner Mama erzählen?“, fragt er keckernd.

„Du!“, sage ich drohend. „Lass ja meine Mama aus dem Spiel. Die war nämlich eine Lebensretterin und außerdem hast du mich dazu angestiftet.“

Nun habe ich Anton neugierig gemacht. Er hebt von der Dachrinne ab und landet neben mir auf dem Boden. Er will jetzt ganz genau wissen, wie das mit meiner Mama war. Ich erzähle ihm alles, was ich darüber weiß und durch Erzählungen gehört habe.

„Alle Achtung!“ Aus Antons Schnabel kommt ein anerkennender Pfiff.

Was wahrscheinlich bedeuten soll, dass ihn die Geschichte sehr beeindruckt hat. Eine Zeitlang sitzt er nachdenklich und grübelnd vor mir. Doch lange kann Anton nicht ernsthaft sein. Er schüttelt seine Federn, um die traurigen Gedanken endgültig zu verscheuchen. Plötzlich zeigt sich ein übermütiges Glitzern in seinen Augen.

„Lebensretter Anton!“, seufzt er theatralisch. „Ja, diese Schlagzeile könnte ich mir auch sehr gut vorstellen.“

„Wer weiß! Vielleicht kommt für dich auch einmal die Gelegenheit, jemanden aus einer Lebensgefahr zu retten“, stimme ich ihm zu.

„Ja, genau!“, kräht Anton erfreut. „Ich habe

da gerade einen genialen Einfall und weiß auch schon, wen ich retten werde."

„Wen willst du denn retten?" Mit Erstaunen habe ich Antons Stimmungsumschwung beobachtet und sehe ihn fragend an.

„Ich werde den Rhabarberkuchen vor dem Verschimmeln retten! Gleich auf der Stelle." Anton ist restlos begeistert von seiner Idee und saust davon.

Ich schüttele belustigt meinen Kopf. Aber verstehen kann ich Anton schon, denn den köstlichen Geschmack des Rhabarberkuchens habe ich selbst noch auf der Zunge.

Kleinlaut kommt Anton bald darauf zurück. Oma Dorothea hat das Küchenfenster zugemacht.

Katja und Ellie bekommen zur Kaffeezeit von Oma Dorothea ein großes Stück Rhabarberkuchen. Sogar Anton erhält ein kleines Stück, weil er heute ausnahmsweise brav war.

Anton schlägt vor Vergnügen mit den Flügeln, weil er Oma Dorothea ausgetrickst hat.

„Du bekommst nichts, Nicki. Du hast schon in der Küche genascht. Strafe muss sein!"

Das finde ich ganz schön ungerecht. Anton keckert noch lauter und lässt sich sein Kuchenstückchen schmecken. Neidisch schiele ich auf seinen Teller.

„Ein junger Hund muss erzogen werden, sonst lernt er es nie", brummt Oma Dorothea.

Ellie streichelt mich tröstend, als sie mein enttäuschtes Gesicht sieht.

Katja zwinkert Anton mit den Augen zu. „Ich merke, du hast dich mit Nicki schon angefreundet. Womöglich hast du ihn zum Naschen verführt.“

So leicht lässt sich Anton nicht aus der Ruhe bringen. Er stochert mit dem Schnabel in seinem Kuchen herum, als ginge ihn das alles nichts an. Jedoch als Oma Dorothea wegschaut, erweist er sich als guter Kumpel und teilt mit mir.

Das finde ich sehr fair von ihm. Ich beschließe für mich, dass Anton für alle Zeit mein bester Freund sein soll.

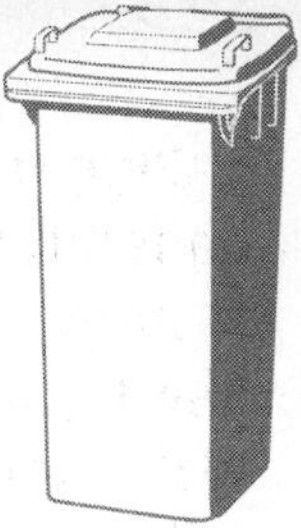

Ein dummer Streich

An diesem Abend sitzt Ellie ziemlich lange vor ihrem Tagebuch. Ich lasse sie in Ruhe ihre Erlebnisse aufschreiben. Müde liege ich zu Ellies Füßen auf dem Boden und überdenke noch einmal diesen anstrengenden Tag. Was habe ich doch nicht alles für neue und aufregende Sachen kennen gelernt. Vor allen Dingen habe ich einen Freund gefunden. Schade, dass ich nicht auch ein Tagebuch schreiben kann. Es wäre doch wirklich schön und sicher auch lustig, später über seine Erlebnisse nachzulesen.

„Zeit zum Schlafengehen." Ellies Mama steckt den Kopf zur Tür herein.

„Morgen früh geht's wieder zur Schule."

Ach ja, die Schule. Ellie hat mir die Schule beim Spazierengehen gezeigt.

Dort geht sie jetzt wieder die nächsten fünf Tage hin. In dieser Zeit muss ich zu Hause bei Ellies Mama warten, bis Ellie mittags heimkommt. Aber dann ist wieder Wochenende und Ellie hat den ganzen Tag Zeit für mich.

Heute gehe ich ganz brav in mein Körbchen. Ellies Jacke liegt neben mir. Ich träume von Anton.

In meinem Traum hat Anton die grüne Latzhose von dem kleinen Mann angezogen. Er versucht mit der Angel den Rhabarberkuchen zu fangen. Dann kommt Oma Dorothea und klatscht laut in die Hände.

„Na, du Schlafmütze. Willst du mich gar nicht begrüßen?"

Erstaunt schlage ich die Augen auf. Herrje! Das ist ja gar nicht Oma Dorothea, die da in die Hände klatscht. Das ist ja Ellie!

Jetzt fällt es mir wieder ein. Ellie ist heute ganz früh zur Schule gegangen und hat mich allein gelassen. Später ist Ellies Mama mit mir Gassi gegangen. Aber das war lange nicht so aufregend wie mit Ellie. Dann bin ich unruhig durch die Wohnung gelaufen, bis ein Geräusch an der Wohnungstür erklang. Etwas versuchte durch den Türschlitz in die Wohnung zu gelangen und krachte auf den Fußboden. Ich habe mich natürlich sofort auf diesen Eindringling gestürzt. Das knisterte herrlich aufregend und ich zerfetzte das Ding in lauter Einzelstücke. Das ging ganz leicht. Später wurde ich von Ellies Mama ausgeschimpft, weil ich die Zeitung zerrissen habe. Dabei wollte ich Ellies Mama nur vor dem Eindringling beschützen. Ich habe mich danach auf Ellies Himmelbett geflüchtet und dort muss ich wieder eingeschlafen sein.

„Wuff, wuff! Ellie, bin ich froh dich zu sehen."

Begeistert hopse ich um Ellie herum. „Komm lass uns spielen".

Doch Ellie ist ein wenig bedrückt. Sie kuschelt mit mir, ist aber irgendwie nicht bei der Sache.

„Ellie, was ist los? Ärger in der Schule?" Mit der Zunge schlecke ich über Ellies Hand.

„Ach Nicki! Justus hat sich mit mir zum Skateboardfahren verabredet."

„Na, ist doch toll. Wo ist das Problem?", fragend schaue ich Ellie an.

„Katja ist dagegen. Sie findet, Justus ist ein arroganter Angeber. Was soll ich nur tun? Katja ist doch meine Freundin."

Ellie ist traurig, das spüre ich ganz genau. Doch mehr als sie stürmisch zu trösten, kann ich nicht tun. Ellie lächelt auch schon wieder ein bisschen.

Ich hole ein Kuschelkissen von Ellies Himmelbett und als Ellie danach greifen will, halte ich es fest zwischen meinen spitzen Zähnen.

„Willst du wohl loslassen?" Ellie zieht kräftiger.

„Grrr!" Ich halte eisern fest. Es ist schließlich mein Kissen. Ich habe es geholt.

Dieses Spiel macht mir riesigen Spaß. Doch Ellie verliert bald die Lust daran. Sie lenkt mich ab, indem sie mir den Bauch krault. Ich lege mich auf den Rücken und genieße Ellies Liebkosungen. Hach, das kitzelt so schön.

Nach einiger Zeit ruft Ellies Mama uns zum Essen in die Küche. Das ist natürlich noch viel interessanter als am Bauch gekrault zu werden!

Als wir nach dem Essen in den Park gehen, treffen wir zufällig auf Katja.

„Hallo Katja! Was machst du denn hier im Stadtpark?"

„He Ellie! Hallo Nicki! Ich hatte noch keine Lust nach Hause zu gehen."

Ellie blickt ziemlich erstaunt. Ich bin auch verblüfft. Wieso geht Katja nicht gleich nach Hause? Oma Dorothea hat doch bestimmt etwas Gutes für sie gekocht!

Statt zu antworten sagt Katja nur: „Sieh mal, wer da kommt."

Auf der Straße kommt Justus auf seinem Brett angefahren. An dem kleinen Haus, bei dem es leckeres Eis gibt, bleibt er stehen. Das Brett lehnt er an die Wand und betritt den Laden.

„Los, Ellie. Das ist die Gelegenheit, Justus einen Streich zu spielen. Wir verstecken das Skateboard." Katja ist begeistert von ihrer Idee, doch Ellie ist gar nicht erfreut. Ihre Stimme klingt betroffen.

„Was hast du nur immer gegen Justus? Er ist doch sehr nett."

„Sehr nett? Ein arroganter Kerl ist das. Bist du jetzt meine Freundin oder nicht?" Katjas Stimme klingt leicht gereizt.

Aufmerksam schaue ich von Katja zu Ellie. Ellie zögert noch. Ich weiß auch, warum. Sie mag Justus *und* sie mag Katja.

„Los! Jetzt oder nie. Gleich kommt er wieder raus." Katja packt Ellie am Arm und zieht sie über die Straße.

Dort schnappt sie sich das Brett und steckt es ganz tief in eine gelbe Tonne neben der Eingangstür.

„Wie sagt Oma Dorothea immer? Plastik kommt in die gelbe Tonne", prustet Katja vor Lachen los.

Ellie steht stumm dabei. Willenlos lässt sie sich von Katja hinter ein Gebüsch ziehen. Keinen Moment zu spät, denn gerade geht die Tür auf.

Justus sieht sofort, dass sein Skateboard weg ist und schaut sich um. Er läuft bis zur nächsten Ecke, um den vermeintlichen Dieb zu erwischen. Sein suchender Blick geht über die Straße und fällt auf unser Versteck. Fast hat es den Anschein, als hätte er uns entdeckt. Ellie hat es scheinbar auch gespürt. Sie senkt ihren Kopf ganz tief auf den Boden und sieht ganz bleich aus. Nur Katja kichert leise vor sich hin.

„So ein Mist!" Justus tritt wütend gegen die gelbe Tonne. Die wackelt zwar, fällt aber nicht um. Dann geht er wieder durch die Tür in den Laden zurück.

„Jetzt ruft er bestimmt die Polizei." Katja verschluckt sich fast vor Lachen.

„Meinst du?“ Ellie ist entsetzt. „Aber es sollte doch nur ein Scherz sein.“

„Ha! Jetzt ist es passiert und du bist auch daran beteiligt. Am besten wir verschwinden hier.“

„Das ist gemein. Ich geh rüber und sag es ihm.“

„Du wirst doch nicht etwa petzen wollen?“ Katja ist ziemlich sauer. Dann zieht sie eine Grimasse und sagt: „Ach, mach doch, was du willst. Ich haue jedenfalls ab.“

„Oh Nicki! Warum habe ich nur mitgemacht? Was soll ich denn jetzt tun?“

Ellie klingt richtig verzweifelt.

„Wau, wau, wau! Das war wirklich gemein.“ Ich belle hinter Katja her.

Verstecken ist in Ordnung, aber man muss den versteckten Gegenstand doch auch wiederfinden können. Und schon ziehe ich Ellie über die Straße.

„Hallo Ellie!“ Unbemerkt ist Justus aus der Tür getreten.

Ellie ist ziemlich verlegen und weiß nicht, wo sie hinschauen soll.

Justus merkt jedoch nichts. „Stell dir vor, jemand hat mir mein Skateboard geklaut. Dabei war ich nur einige Minuten im Laden.“

„Wuff, wuff!“ Ich melde mich zu Wort, indem ich an der Hose von Justus ziehe.

„Hallo Nicki! Dich habe ich vor Aufregung ganz übersehen.“

Ellie ist offenbar eingefallen, wie sie Justus helfen kann, ohne sich und Katja zu verraten.

„Ich habe eine gute Idee. Nicki kann dir beim Suchen helfen. Los, Nicki, nimm die Spur auf. Such das Skateboard!"

„Au ja! Wuff, wuff! Das ist die Lösung."

Ausgiebig beschnüffele ich erst die Beine von Justus und dann die Stelle, wo das Brett stand. Dabei bemühe ich mich so zu tun, als suchte ich eifrig die Spur.

Justus beobachtet mich hoffnungsvoll. Ellie hat jetzt wieder etwas Farbe bekommen und ist nicht mehr ganz so blass.

„Lass gut sein, Nicki." Justus kommen langsam Zweifel an meiner Spürnase.

Das kann ich nicht zulassen. Also stürze ich mich plötzlich wütend auf die gelbe Tonne.

„Wau, wau, wau! Sieh in die Tonne!" Immer wieder springe ich an der Tonne hoch und belle, so laut ich kann.

Justus hebt skeptisch den Deckel hoch. „Mensch Nicki! Du bist Klasse!"

Glücklich zieht er das Skateboard heraus, „Da wollte mir wohl nur einer einen Streich spielen."

Ellies Gesicht läuft bei diesen Worten knallrot an.

„Wie gut, dass du gerade mit Nicki hier vorbeigekommen bist. In der Tonne hätte ich sicher nicht nachgesehen."

Ich fühle mich fast wie ein Held. Doch ein ganz klein wenig habe ich ein schlechtes Gewissen. Ellie bestimmt auch, denn sie drückt mich später ganz fest an sich.

„Danke Nicki, dass du mir da so prima herausgeholfen hast. Du bist ein Superhund. Der Beste!"

Stolz laufe ich neben Ellie nach Hause. Morgen werde ich Anton damit ärgern, dass ich ein Skateboard aus der Abfalltonne gerettet habe.

Zu Hause schreibt Ellie lange in ihrem Tagebuch. Ich liege auf dem Himmelbett und denke nach. Bestimmt schreibt sie wieder alle Ereignisse des Tages auf. Sicherlich auch, dass Katja ziemlich sauer war. Katja wird doch hoffentlich nicht auf Ellie böse sein. Der dumme Streich ist ja schließlich gut ausgegangen und verpetzt haben wir sie jedenfalls nicht.

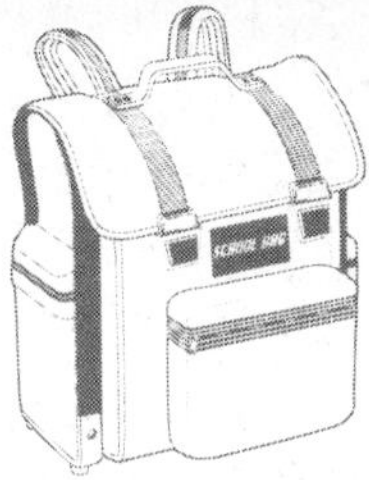

Der Streit

„Wau, wau, wau!" Wütend stehe ich vor der Wohnungstür. Schon wieder versucht jemand, etwas durch den Türschlitz zu stecken.

„Du sollst die Zeitung in Ruhe lassen, Nicki." Leicht genervt kommt Ellies Mama die Treppe herunter. „Bei dem Lärm, den du veranstaltest, kann ich einfach nicht arbeiten."

„Wau, wau, wau! Dann spiel mit mir, wenn du nicht arbeiten kannst."

Den ganzen Morgen, seit Ellie in der Schule ist, langweile ich mich schon.

Missmutig lege ich mich in mein Körbchen und schmolle, bis Ellie endlich nach Hause kommt.

„Wuff, wuff! Warum musst du nur immer in die Schule gehen? Du kannst doch längst lesen und schreiben."

Ich stürze mich auf die Schultasche. Voller Grimm auf die Schule grabe ich meine spitzen Zähne in die Trageriemen. Oh, oh! Irgendwas ist los! Aber was? Sonst freut Ellie sich immer über meinen stürmischen Empfang. Heute setzt sie sich an den Schreibtisch und stützt ihren Kopf in die Hände. Ich hole meinen Ball und lege ihn Ellie erwartungsvoll auf den Schoß.

„Ach Nicki! Ich hab gar keine Lust zum Spielen."

Keine Lust zum Spielen? Ellie ist doch nicht etwa krank?

Schnell springe ich auf Ellies Knie und schlecke ihr über die Nase. Nein, die Nase ist ganz kalt. Wenn die Nase heiß ist, dann ist man krank. Jedenfalls hat Monika vom Tierheim das behauptet. Aber vielleicht ist das nur bei Hunden so? Ratlos schaue ich auf Ellie.

„Weißt du was, Nicki?", fängt Ellie endlich an zu sprechen. „Justus war so seltsam in der Schule. Außer einem Hallo hat er kein einziges Wort mit mir gewechselt."

Sie hält mich ganz fest im Arm und flüstert in mein Ohr.

„Ich würde sehr gern etwas mit Justus unternehmen. Nicht nur Skateboard fahren. Vielleicht auch mal ein Eis essen."

„Wuff, wuff! Ja, essen. Lass uns in die Küche gehen." Ich lecke vor lauter Vorfreude mit der Zunge über meine Schnauze, da klingelt es an der Haustür.

Das kann nur ein Eindringling sein. Ellies Papa hat einen Schlüssel. Sofort sause ich los und belle, was das Zeug hält: „Wau, wau, wau! Weg von der Tür. Ich passe auf!"

Ellie ist hinter mir hergekommen und macht tatsächlich Anstalten die Tür zu öffnen. Weiß sie denn nicht, dass das gefährlich sein kann?

Na warte! Dem werde ich's zeigen. Mutig will ich mich auf den Eindringling stürzen, doch dann halte ich erfreut inne. Vor der Tür steht Justus mit einem Päckchen in der Hand.

„He Nicki! Reg dich nicht so auf, ich bin es doch nur."

Freudig begrüße ich Justus, während Ellie stumm daneben steht.

„Los, Ellie! Nun sag schon was", stupse ich Ellie mit der Nase an.

Justus überreicht Ellie das Päckchen, doch Ellie bekommt immer noch kein Wort heraus.

„Das ist ein Geschenk für Nicki. Als kleiner Dank für seine Hilfe."

He, wie finde ich denn das? Hoffentlich ist es was zum Essen.

„Danke! Aber das hättest du nicht tun müssen."

Endlich findet Ellie ihre Stimme wieder. Doch was redet sie denn da für einen Unsinn. Das Geschenk ist schließlich für mich!

„Doch, doch! Nicki hat es sich verdient. Dich möchte ich übrigens zu meiner Geburtstagsparty am übernächsten Samstag einladen. Ich hoffe, du kannst kommen?"

„Na klar! Danke! Ich komme sehr gern."

Sieh mal an. Auf einmal kann Ellie reden. Rote Wangen hat sie auch schon wieder.

„Also dann, Ellie. Bis morgen in der Schule. Tschau, Nicki!"

Ellie schließt die Tür und sofort springe ich bellend um sie herum.

„Nun mach schon auf, Ellie!"

Bedächtig wickelt Ellie das Päckchen aus. Mir geht das viel zu langsam.

„Oh!" Ellies Stimme klingt überrascht.

„Was ist es denn?" Ich kann meine Neugier kaum bremsen.

„Sieh nur, Nicki! Ein rotes Herz für dich. Da ist sogar dein Name und deine Adresse eingraviert."

„Ein Herz? Wozu soll das gut sein?", fragend schaue ich Ellie an.

„Das wird an deinem Halsband befestigt. Falls du dich mal verirrst und fremde Leute dich finden, können sie lesen, wo du wohnst."

„Ich und mich verirren? Niemals! Ellie, ich habe die feinste Spürnase von allen."

Ellie scheint anderer Meinung zu sein, denn schon baumelt das Herz an meinem Halsband.

„Ist das nicht süß von Justus?"

Na ja! Ein schönes Stück Fleischwurst wäre mir lieber gewesen. Aber Ellie freut sich so darüber, dann freue ich mich eben auch.

Am Nachmittag wollen wir zu Katja gehen. Diese Besuche kann ich immer kaum erwarten. Ob Katja sich auch über das Herz freut?

Doch Katja lacht ihr wildestes Lachen, als sie erfährt, wofür und von wem ich das Herz bekommen habe.

„Einen Orden hat er dir verliehen?“ Katja kugelt sich auf dem Rasen und hält sich den Bauch vor Lachen. „Einen Orden für erfolgreiches Finden, obwohl du es selbst mit versteckt hast! Das ist vielleicht ein Ding.“

Ellie ist ziemlich verärgert. „Nun hör schon auf. So lustig finde ich das gar nicht.“

Bis Katja sich wieder beruhigt hat, verdrücke ich mich lieber. Auf der Suche nach Anton laufe ich quer durch den Garten.

„Aua!“ Vor Schmerz jaule ich laut auf. Ich kann nicht mehr auftreten. Etwas Spitzes steckt mitten in meiner Vorderpfote. Mühsam humpele ich auf drei Pfoten zum Teich. Von Anton ist nichts zu sehen.

Dafür steht der kleine Mann in der grünen Latzhose wieder vor mir.

Wenn der mich jetzt nach der Eintrittskarte fragt, klaue ich ihm die Angel. Das nehme ich mir ganz fest vor. Doch der kleine Mann fragt nicht. Jetzt sehe ich auch, warum. Der Mann ist aus Stein und die Latzhose ist nur aufgemalt.

„Warum glotzen Sie mich so an?“

„Huch!“ Ich schrecke zurück. Gleichzeitig zucke

ich zusammen, weil ich mit der verletzten Pfote aufgetreten bin.

Anton schwirrt durch die Luft und landet direkt auf dem kleinen Mann.

„Anton!“, stöhne ich erleichtert. „Du kannst einen aber auch erschrecken.“

„So zu tun als könnte der Gartenzwerg sprechen, ist meine Spezialität“, keckert Anton. „Was meinst du, wie Oma Dorothea geschaut hat, als er sie um ein Stück Rhabarberkuchen anbettelte?“

„He! Mir ist gar nicht zum Lachen. Ich habe große Schmerzen“, antworte ich gequält.

Anton beäugt mit schief geneigtem Kopf die verletzte Pfote.

„Ach, das haben wir gleich.“, meint er ganz zuversichtlich. „Das operiert der Onkel Doktor gleich auf der Stelle.“

Vorsichtig zieht er mit dem Schnabel eine trockene Tannennadel heraus. „Operation gelungen. Patient wohlauf“, kräht er laut.

Vorsichtig probiere ich den ersten Schritt. Tatsächlich. Es piekt nicht mehr. „Danke, Anton! Du hast mir wirklich geholfen.“

„Na klar!“ keckert Anton. „Wozu sind Freunde denn sonst da?“

Schwupps! So schnell wie er gekommen ist, ist er wieder weg.

„Übrigens, die Operation kostet vier Euro“, meldet sich dafür der Gartenzwerg. „Oder wollen Sie wieder nicht bezahlen?“

„Ach Anton! Du hast wirklich nur Unsinn im Kopf!“ Mehr fällt mir dazu nicht mehr ein.

„Sag mal, trägst du den Lebensretterorden von deiner Mama um den Hals?“ Anton hat plötzlich das Herz an meinem Halsband entdeckt.

Gerade will ich ihm die Sache mit Justus erzählen, da klingt plötzlich vom Haus her lautes Stimmengewirr. Katja und Ellie werden sich doch nicht streiten? Doch sie streiten – und wie!

„Das ist nun wirklich fies, Katja. Da mache ich nicht mit.“

„Wieso denn? Justus schließt neuerdings sein Skateboard mit einer Kette an einen Baum. Damit auch ja kein anderer damit fahren kann. Er hat einen Denkzettel verdient.“

„Justus kettet sein Board doch nur aus Sicherheitsgründen an und wir beide wissen auch genau, warum.“

Katja ist richtig wütend und schimpft noch ein bisschen lauter. „Wir klauen es ihm doch nicht. Ich will es doch nur samt Kette am Baum hochschieben und zwischen den Zweigen verstecken. Dazu brauche ich deine Hilfe.“

Ellie schüttelt energisch den Kopf: „Vergiss es, Katja.“

„Wenn du meine Freundin bist, dann machst du mit.“

„Nein! Diesmal nicht!"

Betroffen stehen Anton und ich dabei. Anton fliegt zu Katja und setzt sich auf ihre Schulter. Sofort fängt er laut zu kreischen an. Ich stimme bellend ein und springe an Ellie hoch.

„Wau, wau! Hört auf euch zu streiten!"

„Was macht ihr denn für einen Lärm?" Oma Dorothea kommt aufgeregt aus der Tür, doch niemand antwortet ihr.

Katja steht mit geballten Fäusten vor Ellie. „Du musst dich jetzt entscheiden. Entweder Justus oder ich. Sonst kannst du gleich abhauen. Drei Freunde sind nämlich einer zu viel."

Ellie ist ganz blass geworden bei Katjas Worten. „Wenn du so gemein bist, dann will ich gar nicht deine Freundin sein."

Anton und ich halten vor Schreck den Atem an.

„Kinder, hört doch auf. Ihr werdet euch doch nicht um einen Jungen streiten?", versucht Oma Dorothea zu schlichten.

Mit Tränen in den Augen nimmt Ellie mich an die Leine und wir verlassen den Garten.

„Nie mehr rede ich ein Wort mit Katja. Niemals mehr!", sagt sie zu mir.

Traurig lasse ich bei diesen Worten den Kopf hängen. Wenn Ellie und Katja nicht mehr befreundet sind, gilt das wohl auch für Anton und mich. Dann werde ich ihn und Oma Dorothea wahrscheinlich nicht mehr wiedersehen. Gerade jetzt, wo wir so dicke Freunde geworden sind und ich mich an Oma Dorotheas wunderbaren Rhabarberkuchen gewöhnt habe. Das darf einfach nicht sein!

„Geheime Mission“

„Grrr, grrr!“ Wütend zerre ich die Zeitung aus dem Türschlitz. Ich hätte große Lust sie in tausend Stücke zu zerfetzen. Doch inzwischen habe ich gelernt, dass Ellies Mama das überhaupt nicht leiden kann. Ganz vorsichtig trage ich sie daher bis zur Treppe und lege sie dort ab.

„Wuff, wuff! Die Zeitung ist da“, belle ich die Treppe hinauf.

„Danke, Nicki! Ich hole sie mir gleich!“

Mit Ellies Mama komme ich inzwischen bestens aus, wenn Ellie in der Schule ist. Ich lasse sie in Ruhe arbeiten und beschäftige mich am Vormittag allein. Das ist manchmal recht langweilig. Besonders seit Ellie sich mit Katja verkracht hat. Die Ausflüge in Katjas Garten vermisse ich sehr. Wie gern würde ich mal wieder mit Anton auf Diebestour gehen. Und richtige Sehnsucht habe ich nach Oma Dorotheas duftendem Rhabarberkuchen!

Traurig liege ich auf dem Balkon und starre durch die Gitterstäbe.

Ach, warum können sich die Menschen denn nicht einfach vertragen? Im Tierheim haben wir uns auch schon mal gestritten. Doch am nächsten Tag war alles vergessen. Man muss doch auch verzeihen können.

„Volle Deckung!", ertönt plötzlich eine mir bekannte Stimme.

Gleichzeitig klatscht etwas auf den Boden und reißt mich aus meinen Überlegungen.

„Wuff! Das riecht ja nach Rhabarberkuchen", schnüffele ich verwundert.

„Schöne Grüße von Oma Dorothea. Und das riecht nicht nur so, das ist Rhabarberkuchen."

„Anton! Wo kommst du denn her?" Erfreut blicke ich auf Anton, der fröhlich auf dem Balkongeländer sitzt.

„Wenn der Hund nicht zum Vogel kommt, dann muss der Vogel eben zum Hund kommen. So einfach ist das", antwortet Anton.

„Ja, da hast du Recht, Anton. Wenn Katja und Ellie doch auch so denken würden."

Ich verzehre genüsslich den mitgebrachten Kuchen und frage kauend: „Hast du keine Idee, wie wir die beiden wieder versöhnen können?"

Anton wiegt seinen Kopf hin und her.

„Pass auf, Nicki! Jeden Tag nach der Schule streift Katja durch den Stadtpark. Ich weiß es genau. Schließlich hat sie mich dort gefunden. Ich bin aus dem Nest gefallen, als ich noch ganz klein war. Mein Flügel war gebrochen. Katja hat sich um mich gekümmert und mich aufgezogen."

Anton flattert dabei mit den Flügeln, als möchte er die böse Erinnerung an den Sturz abschütteln.

„He!", unterbreche ich ihn. „Dann hast du ja auch eine Pflegemama gehabt."

„Na und was für eine gute! Wie du sehen kannst, ist aus mir ein Prachtkerl geworden."

Anton kichert, räuspert sich vernehmlich und spricht ernsthaft weiter.

„Du überredest Ellies Mama zum Gassigehen und führst sie zielsicher in den Park. Dort trefft ihr auf Katja."

Anton hüstelt auffällig und spricht rasch weiter. „Natürlich rein zufällig! Ellie kann euch nicht in die Quere kommen, weil sie sofort nach Schulschluss zur Nachhilfe in Englisch geht ... Ellies Mama kann sich dann mit Katja unterhalten. So von Frau zu Frau. Mädchen sind manchmal recht zickig, wenn Jungen im Spiel sind."

„Gute Idee, Anton. Das mache ich."

„Du darfst aber keine Zeit verlieren, denn ich habe Katja auf meinem Weg zu dir zum Stadtpark gehen sehen. Der offizielle Unterricht ist also schon seit einer Weile beendet."

„Oh, da muss ich mich aber sputen!" Ich lasse Anton auf dem Balkon sitzen und laufe zur Treppe.

„Wuff, wuff!", belle ich hinauf.

„Gib Ruhe, Nicki!", kommt prompt die Antwort von oben.

Also dann noch etwas lauter und dringlicher: „Wau, wau, wau!"

„Was ist denn los?" Ellies Mama kommt die Treppe herunter.

Schnell laufe ich zur Haustür, um zu zeigen, dass ich dringend Gassi gehen muss.

„Hat es geklingelt?" Ellies Mama öffnet die Tür und schaut hinaus.

„Niemand zu sehen. Was hast du denn nur?"

Ich habe inzwischen meine Leine geholt und schleppe sie hinter mir her.

„Ach so! Du willst Gassi gehen."

„Wuff, wuff!" Na endlich hat sie begriffen, was ich will.

„Dafür habe ich jetzt überhaupt keine Zeit, Nicki. Außerdem kommt Ellie doch bald nach Hause. Lauf in den Garten." Ellies Mama schüttelt den Kopf und geht die Treppe wieder hinauf.

Enttäuscht laufe ich zu Anton auf den Balkon.

„Ja, so sind die Erwachsenen. Nie haben sie Zeit", tröstet er mich. „Da müssen wir uns eben etwas anderes einfallen lassen."

„Mensch, Anton! Jetzt kommt mir eine gute Idee. Ich hole Ellies Tagebuch. Da steht alles über den Streit und über Justus drin."

„Wozu? Ich habe doch alles mit angehört. Lesen kann ich sowieso nicht."

„*Du* sollst es doch nicht lesen. Das Buch legst du Katja auf das Kopfkissen. Dann kann *sie* lesen, wie

Ellie unter dem Streit leidet. Na? Ist das eine Idee oder nicht?"

„Das ist eine supergute Spitzenidee!" Anton ist total beeindruckt. „Das machen wir. Den Transport übernehme ich auf der Stelle. Vorher müssen wir uns aber noch eine Parole ausdenken."

„Eine Pa...? Was?", zweifelnd schaue ich Anton an.

„Na eine Parole! Ein Kennwort eben. Das brauchen wir unbedingt."

„Wozu brauchen wir diese Parole?"

„Du weißt aber auch gar nichts." Anton sitzt mit schief geneigtem Kopf da und schaut auf mich herab.

„Hast du noch nie von *Emil und den Detektiven* gehört? Dort hat ein Dieb dem Jungen Emil Geld geklaut. Emils Freunde haben den Dieb beobachtet und dann verhaften lassen. Und damit sie wissen, wem sie vertrauen können, haben sie ein Kennwort ausgemacht. Das hieß dort *Parole Emil.* Wenn ich mit dem Buch zurückkomme, muss ich doch wissen, ob die Luft rein ist. Das heißt, ob wir allein sind und niemand uns belauschen kann. In dem Fall rufe ich: ‚Parole?' Wenn du allein bist, antwortest du mit dem Kennwort, das wir jetzt festlegen. Hast du das verstanden, Nicki?"

Anton hat sich richtig in Fahrt geredet.

„Na klar! Du hast ja laut genug gekreischt", sage ich gekränkt.

Steckbrief

Dalmatiner

Steckbrief

Name und Herkunft

Die genaue Herkunft des Dalmatiners ist unklar. Es wird aber angenommen, dass er aus dem östlichen Mittelmeerraum stammt und zwar aus Dalmatien. Daher kommt der Name Dalmatiner. Früher wurden Dalmatiner auch Tigerhunde genannt.

Aussehen

Das Fell ist weiß und hat schwarze oder braune Punkte. Bei der Geburt sind die Welpen weiß, die Punkte erscheinen erst im Laufe der ersten Wochen. Jeder Dalmatiner hat unterschiedliche Fellpunkte – keiner gleicht dem anderen. Ihr Körperbau ist elegant und schlank, aber muskulös. Typisch sind die langen Beine.

Größe und Gewicht

Dalmatiner haben eine Schulterhöhe von 55 bis 60 Zentimetern und wiegen zwischen 25 und 30 Kilogramm. Die Hündinnen sind zierlicher und leichter als die Rüden.

Charakter

Dalmatiner sind freundliche und aufgeschlossene Hunde. Sie sind sehr anhänglich und menschenbezogen. Deshalb sollen Dalmatiner auch nicht in einem Zwinger gehalten werden. Ohne Freunde und Gesellschaft würden sie sich einsam und unglücklich fühlen und am Ende sogar krank werden. Dalmatiner sind große Kinderfreunde und jederzeit zum Spielen bereit. Da sie sehr schlau und neugierig sind, wollen sie jedoch beschäftigt werden. Ein Dalmatiner, der sich langweilt, stellt die unmöglichsten Sachen an!

Haltung

Da der Dalmatiner ein sehr aktiver und sportlicher Hund ist, braucht er viel Bewegung: Spaziergänge, Fahrradtouren oder Jogging sind für ihn das Größte. Auch Erziehungs- und Geschicklichkeitsspiele findet er toll. In kleinen Wohnungen fühlt der aktive Dalmatiner sich nicht wohl. Ideal ist ein Haus mit Garten, in dem der Hund spielen kann.

Pflege

Ein Dalmatiner ist ein pflegeleichter Hund. Das kurze Fell muss nur mit einer Bürste oder einem Pflegehandschuh gekämmt werden. Schmutzige Pfoten können einfach mit einem feuchten Tuch gesäubert werden.

Dalmatiner

Oh, ein Herz!
Was da wohl drin ist?

Wollen doch mal sehen ... Irgendwie
muss das Ding doch aufgehen!

Wau! Ein Hunde-
kuchen – lecker!

Hm, vielleicht sollte ich meine Nase
doch nicht überall reinstecken.

„Nun, es ist ja keine Schande nichts zu wissen. Wohl aber nichts lernen zu wollen", sagt Anton versöhnlich. „Du hast etwas gelernt. Dann mal her mit einem Vorschlag."

„Wie wäre es mit *Parole Tagebuch*?"

„Nicht so gut! Es muss unauffälliger sein, damit nicht jeder versteht, worum es sich handelt."

Eine ganze Weile ist es still. Jeder überlegt angestrengt, welches Wort man nehmen könnte.

„Ich hab's!", rufe ich triumphierend. „Jawohl! Das ist es."

„Nun sag schon!" Anton läuft unruhig auf dem Balkongeländer hin und her. „Wie heißt die Parole?"

„ Die Parole heißt,", flüstere ich verschwörerisch, *Geheime Mission*!

„Ja, das trifft es genau. Toller Einfall, Nicki."

Stolz laufe ich los, um das Tagebuch auf den Balkon zu holen. Auf den Hinterbeinen stehend öffne ich geschickt mit der Schnauze die Schublade. Behutsam nehme ich das Tagebuch zwischen meine Zähne.

Erst gestern hat Ellie darin geschrieben. Vergebens habe ich sie zum Spielen aufgefordert. Erst als ich ein paar Mal danach schnappte, klappte Ellie es endlich zu. Vor Freude leckte ich über ihr Gesicht, doch das schmeckte ganz salzig. Immer wenn Ellie traurig ist, werden ihre Augen so nass. Ich will Ellies Augen endlich wieder strahlen sehen.

Vorsichtig nimmt Anton die Henkel der gelben Tagebuch-Tasche in seinen Schnabel und fliegt davon. Der Auftrag *Geheime Mission* hat begonnen.

„Nicki! Wo treibst du dich herum? Dein Frauchen ist wieder da."

He! Das ist doch Ellies Stimme. Da haben wir aber Glück gehabt, dass Ellie uns nicht erwischt hat.

„Wuff, wuff!", belle ich freudig. „Hier bin ich." Mit einem gewaltigen Satz stürme ich vom Balkon durch das Wohnzimmer. Geschickt nehme ich dabei die Kurve auf dem Flur, setze elegant über mein Körbchen und springe genau in Ellies Arme.

„Hallo Nicki! Nicht so wild." Ellie kann gerade noch ihr Gleichgewicht halten. „Du wirfst mich ja noch um."

Das ist mir aber ganz egal. Ich freue mich so, dass Ellie wieder da ist. Die Schultasche fliegt in die Ecke und schon rollen wir über den Fußboden.

Das macht riesigen Spaß. Jeden Tag nach der Schule ist erst einmal unsere Spielzeit. Ich glaube, Ellie braucht das genauso wie ich.

Ellies Mama schüttelt zwar immer den Kopf darüber, hat sich jedoch damit abgefunden. Schließlich toben wir ja nicht nur herum. Nein, Ellie bringt mir viele nützliche Sachen bei. Wenn Ellie ruft: „Jetzt ist Lernstunde", bin ich ganz aufmerksam. Dann muss ich genau zuhören, was Ellie sagt und ihre Anweisungen ausführen. Die Kommandos „Sitz“, „Platz“ und „Bei Fuß“, sind ja kinderleicht. Doch Gegenstände zu holen – Ellie sagt dazu immer apportieren – ist ziemlich schwierig. Inzwischen verstehe ich genau, was Ellie meint. Doch manchmal will ich es einfach nicht verstehen. Zum Beispiel in diesem Augenblick.

„Nicki! Hol mir das Tagebuch.“

Oh, oh! Das gibt Ärger! Ich laufe zur Schultasche und drücke mit der Pfote auf den Verschluss, bis er aufspringt. Dann schnappe ich mir Ellies Frühstücksbox und bringe sie ihr.

Eine große Überraschung

„Nein! Das ist falsch, Nicki." Ellies Stimme klingt ernst.

„Wuff! Das ist genau richtig." Eifrig versuche ich die Box zu öffnen.

„Gib her!" Ellie muss lachen und öffnet die Box. Sie holt einen Keks heraus, hält ihn hoch und fragt: „Wie macht der brave Hund?"

Ich stelle mich auf die Hinterbeine, nehme die Vorderpfoten nach oben und wedele damit durch die Luft. „Wau, wau! Bitte, bitte!"

Meine Güte, ist das peinlich. Niemals darf Anton mich so sehen. Der würde ja jeden Respekt vor mir verlieren.

Ellie aber ist zufrieden und ich bekomme den Keks.

„Na, ihr beiden! Darf ich mitmachen?"

„Papa!", ruft Ellie erstaunt. „Hast du denn schon Feierabend?"

„Extra frei genommen, damit wir etwas zusammen unternehmen können. Was ist? Habt ihr zwei Lust auf einen kleinen Ausflug ins Tierheim?"

„He, Nicki! Du bringst mich ja um." Freudig begrüße ich Ellies Papa. Wenn der wüsste, wie froh ich bin ihn zu sehen. Jetzt denkt Ellie ganz bestimmt nicht mehr an ihr Tagebuch. Heute Abend werde ich sie schon irgendwie ablenken. Morgen bringt Anton das Buch bestimmt zurück und dann kann gar nichts mehr schief gehen.

Plötzlich stutze ich. Was hat Ellies Papa gesagt? Einen Ausflug ins Tierheim? Du meine Güte, Ellie wird mich doch nicht zurückbringen wollen?

„Wirklich, Papa? Ist Tante Susi einverstanden?"

Ellies Papa nickt mit dem Kopf und schmunzelt. Ellie ist auf einmal auch ganz aufgeregt. Was ist denn nur los? Und wer ist Tante Susi? Beunruhigt schaue ich vom einen zum anderen.

„Juchhu!", jubelt Ellie. „Nicki, wir fahren ins Tierheim!"

Das hört sich nicht so an, als ob Ellie mich dort lassen würde. Jetzt bin ich einigermaßen beruhigt.

Senta fällt mir auf einmal ein. Ich werde Senta wiedersehen. Dann kann ich ihr ja von Anton und dem Tagebuch erzählen und von Katja. In meinem Kopf ist ein heilloses Durcheinander und meine Gedanken schlagen Purzelbäume. Plötzlich kann ich diesen Ausflug gar nicht mehr erwarten.

„Wau, wau! Ellie, nun beeil dich doch!"

Ich springe übermütig durch die Wohnung. Doch Ellie muss erst noch in die Küche zum Mittagessen. Das dauert heute aber endlos.

„Hat Ellie schon immer so beim Essen getrödelt?“, überlege ich nachdenklich.

„Nanu!“ Ellie sieht mich und meine Futterschüssel verwundert an. „Hast du heute keinen Hunger?“

„Wuff, wuff, wuff!“, kläffe ich aufgeregt. „Los Ellie, sieh lieber zu, dass du deinen Teller leer futterst. Ich bekomme vor Aufregung keinen Bissen hinunter.“

Endlich steht Ellie auf und es geht los. Wir steigen in das blaue Auto, mit dem mich Ellie damals abgeholt hat. Diesmal kommt mir die Fahrt gar nicht so lange vor.

Brav sitze ich neben Ellie und schaue aufmerksam durch die Fensterscheibe, wie die Landschaft an uns vorbeifliegt. Dabei gehen mir viele Gedanken durch den Kopf. Ob Karin und Monika noch dort sind? Werden sie mich überhaupt erkennen? Ich bin schließlich ein ganzes Stück gewachsen. Was wird die Dackeldame Rosie sagen? Na, und der Dobermann Tobi erst. Der wird sich bestimmt darüber aufregen, dass ich mal einfach so hereinspaziere.

„Aussteigen, Nicki. Wir sind da!“ Ellies Stimme reißt mich aus meinen Überlegungen.

„Wuff, wuff! Was, schon?“

Erwartungsvoll springe ich aus dem Auto, als die Tür geöffnet wird. Da stehe ich nun vor dem Haus, das einmal mein Zuhause war.

Nanu, war das Haus schon immer so klein oder liegt es daran, dass ich größer geworden bin? Auf jeden Fall habe ich es größer in Erinnerung. Ellie drückt auf die Klingel und gleich darauf ertönt ein Summton. Ein seltsames Gefühl beschleicht mich, als das Tor langsam aufgeht und ich mit Ellie hindurchgehe. Doch dann geht alles ganz schnell.

„Wenn das nicht unser Nicki ist!" Karin steht plötzlich in der Tür und ich springe ihr bellend entgegen.

„Du meine Güte, wie groß du geworden bist", staunt Karin und ruft gleichzeitig nach Monika.

Die schlägt die Hände über dem Kopf zusammen, als sie mich sieht.

„Nicki, bist du das wirklich?", fragt sie mich immer wieder.

„Wer soll ich denn sonst sein?", belle ich verwundert und springe immer wieder voller Freude über das Wiedersehen an Monika hoch. Von Monika laufe ich zu Karin und lecke über ihre streichelnden Hände. Danach springe ich an Ellie hoch und wieder zu Monika zurück. Ununterbrochen wedele ich dabei vor lauter Glück mit meinem Schwänzchen. So geht das eine ganze Weile, bis ich mich erschöpft auf den Boden legen muss.

„Ist meine Schwester schon eingetroffen?", höre ich Ellies Papa fragen.

„Ja, sie hat sich bereits mit Senta angefreundet. Sicher ist sie noch draußen beim Zwinger."

Als Karin Sentas Namen erwähnt, spitze ich meine Ohren. Ich glaube, nun kenne ich den Grund unseres Besuches. Ellie hat doch vor kurzem die Schwester ihres Papas erwähnt, dabei hat sie die Anrede Tante Susi gebraucht. Diese Tante Susi ist heute hier im Tierheim und besucht Senta. Das kann doch nur das eine bedeuten. Mein Herz macht vor Freude einen Hüpfer. Meine Pflegemama Senta bekommt ein neues Zuhause, wie sie es sich gewünscht hat!

Unruhig springe ich auf. Ich will unbedingt zu Senta und ihr diese gute Nachricht persönlich übermitteln. Außerdem ist es höchste Zeit Ellies Tante Susi kennen zu lernen. Ich stupse Ellie auffordernd mit der Nase an und Ellie versteht, was ich will.

„Schon gut, Nicki!", beruhigt sie mich. „Wir gehen gleich zu Senta. Wir müssen nur noch einige Papiere unterzeichnen."

Karin sieht mich prüfend über den Rand ihrer Brille an und sagt zu Ellie: „Nicki kennt den Weg zum Zwinger bestimmt noch. Lauft nur los, ihr beiden."

Das lassen wir uns nicht zweimal sagen. Wie der Blitz flitze ich aus dem Büro in den langen Flur mit den vielen Türen. Die Küche, an die ich noch sehr gute Erinnerungen habe, streife ich mit keinem Blick. Ich will zu meiner Pflegemama und nichts könnte mich jetzt noch aufhalten. Höchstens Ellie, die mir kaum folgen kann und nach Luft ringt.

„Wo hast du denn deine gute Kinderstube gelassen?“, schimpft Rosie, als ich eilig vorbeilaufe. „Oder bist du jetzt zu vornehm für unsereins geworden?“

„Ganz im Gegenteil, Rosie. Ich will nur so schnell wie möglich zu Senta“, rufe ich ihr entschuldigend zu.

„Diese Hektik! Immer muss alles schnell gehen“, höre ich Rosie hinter mir nörgeln. „Nur beim Futterbringen lassen sie sich alle Zeit der Welt.“

„Senta!“ Ich jaule vor Freude, als ich um die Ecke biege. Genau wie ich Senta damals verlassen habe, steht sie in ihrem Zwinger und schaut mir glücklich entgegen. Ich springe aus vollem Lauf gegen das Gitter und drücke mich zitternd an Sentas kuscheliges, schwarzes Fell. Die junge Frau, die in einem Stuhl vor dem Zwinger sitzt, beachte ich gar nicht.

Sentas Zunge leckt unablässig über meine Schnauze, über meine Ohren und Augen.

„Mein kleiner Nicki! Dass ich dich noch einmal wiedersehen darf“, flüstert sie mir glücklich zu. „Lass dich mal anschauen. Oje, du bist mir ja total über den Kopf gewachsen.“

Tatsächlich, nun sehe ich auch, dass sich zwischen uns etwas verändert hat. Senta muss ihren Kopf nach oben drehen, um in mein Gesicht zu sehen. Während ich ganz bequem auf sie herunterblicken kann!

„Heute muss mein Glückstag sein", raunt Senta mir ins Ohr. „Diese nette Frau will mich tatsächlich mitnehmen." Sie deutet mit ihren Augen unauffällig nach links auf die sitzende Frau.

„Ich weiß es schon, Senta!" flüstere ich ebenso leise zurück. „Das hast du Ellie zu verdanken. Die nette Frau ist ihre Tante Susi."

Die will ich mir aber nun genau anschauen. Sie ist fast so hübsch wie Ellie und hat große Ähnlichkeit mit Ellies Papa. Tante Susis Augen mustern mich neugierig.

„Du bist also Nicki, von dem mir Ellie schon so viel erzählt hat."

„Wuff!", bejahe ich ihre Frage und laufe begeistert auf sie zu.

„Vielen Dank, dass du Senta zu dir nimmst, Tante Susi."

„Mir bleibt ja nichts anderes übrig, so wie du dich für Senta eingesetzt hast." Tante Susi lacht und zwickt Ellie in die Wangen.

Ich bin von Tante Susi restlos begeistert und Senta sieht auch recht zufrieden aus. Inzwischen ist Ellies Papa mit Karin eingetroffen und begrüßt seine Schwester mit einer Umarmung. Karin hat unterdessen den Zwinger geöffnet.

„So, Senta! Jetzt hast du auch ein neues Frauchen, auf das du besonders gut aufpassen musst."

Senta läuft schwanzwedelnd zu Tante Susi. Die streichelt ihr über das zottelige Fell. „Wir haben uns schon ein bisschen angefreundet." Sie dreht sich mitsamt ihrem Stuhl zu Ellie um. „Nach dem Anruf deines Papas habe ich Senta nämlich gleich besucht. Sie hat mir sofort gefallen, weil sie so ruhig und lieb ist."

Ich sehe mir inzwischen den Stuhl von Tante Susi genauer an. Staunend stelle ich fest, dass er keine Beine, sondern Räder hat. Das ist ja viel bequemer als das Skateboard von Justus!

Tante Susi fasst mit beiden Händen die Räder an und der Stuhl beginnt zu rollen. „Ihr seht ja, bei meiner Behinderung kann ich keinen wilden Hund gebrauchen." Sie lacht fröhlich, als Senta sich sofort an ihre Seite begibt und wie selbstverständlich nebenher läuft.

Wir verabschieden uns von Karin und leichten Herzens verlasse ich das Tierheim. Vorher sehe ich rasch bei Rosie vorbei und erfahre, dass niemand von den früheren Tieren mehr hier ist. Selbst Tobi hat ein neues Herrchen gefunden. Dafür sind aber ganz viel Neuzugänge eingetroffen, die alle sehnsüchtig auf eine Familie warten. Rosie möchte jedoch nicht mehr weg aus dem Tierheim. Sie fühlt sich bei Monika und Karin ausgesprochen wohl und ist mit ihrem Leben rundum zufrieden. Darüber freue ich mich sehr. Zum Abschied wünschen wir uns viel Glück für die Zukunft.

Wirbel um das Tagebuch

Am nächsten Morgen geht die Suche nach dem Tagebuch erneut los. Ellie hat ihr ganzes Zimmer durchsucht.

„Wo kann es nur sein? Ich lege es doch immer an den gleichen Platz. Nun weiß ich wirklich nicht mehr, wo ich noch suchen soll“, sagt sie verzweifelt.

Ich habe mich in mein Körbchen verzogen und bin mucksmäuschenstill. Bestimmt sieht man mir das schlechte Gewissen an. Doch zum Glück zeigt Ellies Mama auf die Uhr. Zum ersten Mal bin ich froh, dass Ellie zur Schule geht.

Ich setze mich auf den Balkon und warte auf Anton. Der lässt sich jedoch Zeit. Unruhig laufe ich hin und her. Wo bleibt er denn nur so lange? Endlich sehe ich ihn. Am Schnabel baumelt die kleine gelbe Tasche.

„Parole?“, krächzt er schon von weitem.

Vorsichtig schaue ich mich um. Die Luft ist rein. Niemand kann uns belauschen.

„Geheime Mission!“, rufe ich zurück.

Anton setzt zur Landung an, legt das Buch ab und schnappt nach Luft.

„Ich habe gar nicht gewusst, dass geschriebene Wörter so schwer sein können."

„Erzähl schon. Hat Katja alles gelesen?", will ich sofort wissen.

„Leg zuerst das Buch zurück. Das ist das Allerwichtigste. Ellie darf auf keinen Fall erfahren, dass Katja das Buch gelesen hat."

„Also hat sie!", stelle ich erfreut fest.

Während Anton verschnauft, stecke ich das Tagebuch unter das Kissen in meinem Körbchen. Ein wenig darf es herausschauen, damit Ellie es gleich findet. Dafür bekomme ich mit Ellie sicherlich großen Ärger, doch das nehme ich in Kauf. Es wird schon nicht allzu schlimm werden. Die Hauptsache ist, dass der Streit bald ein Ende hat. Nun bin ich neugierig auf Antons Erzählung, vor allem wie Katja auf das Tagebuch reagiert hat.

„So, jetzt fang aber endlich mit deinem Bericht an", belle ich ziemlich ungeduldig.

Dann erzählt Anton, wie Katja das Buch ganz verwundert angeschaut hat. Wie sie erst zögernd und dann immer eifriger darin las. Dass sie einige Male laut gelacht hat und gegen Ende immer trauriger und nachdenklicher wurde.

Schweigend und aufmerksam lausche ich Antons Bericht. „Ja und nun? Wie geht es weiter? Was wird sie unternehmen?"

„Nun warte doch ab. Ich bin ja noch gar nicht

fertig." Anton genießt sichtlich seine Rolle, mehr zu wissen als ich.

Er spaziert zu einem Blumenübertopf und trinkt einen Schluck Wasser. „Also!", fängt er wieder an zu sprechen. Dann macht er eine Kunstpause und zieht lässig eine Feder durch seinen Schnabel. Danach fliegt er auf das Balkongeländer und keckert so laut er kann: „Sie will Ellie um Verzeihung bitten und sich mit ihr versöhnen."

„Hurra! Wir haben es geschafft." Vor Begeisterung springe ich in die Höhe.

„Endlich ist Schluss mit dem Streit!"

Anton sitzt mit stolzgeschwellter Brust auf dem Balkongeländer, als wäre es allein sein Verdienst.

„Ich glaube, Katja ahnt, wer ihr das Buch gebracht hat", überlegt Anton.

„Wie kommst du darauf?"

„Weil sie das Buch auf die Fensterbank gelegt hat, so dass ich es ganz leicht packen konnte."

„Hat sie nichts gesagt?" Ich bin jetzt auch nachdenklich geworden.

„Doch!", sagt Anton. „Sie hat mich angesehen und gefragt, ob sie sich auf mich verlassen kann."

„Na, dann ist doch alles in Ordnung. Sie wollte nur sicher gehen, dass du das Tagebuch wieder zurückbringst. Was du ja getan hast."

„Dann brauche ich mir auch keine Sorgen zu machen", kräht Anton erleichtert.

„Vielleicht versöhnen sich die beiden schon heute in der Schule. Und dann kannst du uns endlich wieder mit Ellie besuchen. Du brauchst auch keinen Eintritt zu zahlen." Anton steckt den Kopf unter die Flügel und kichert übermütig.

„Auf deine Nummer mit dem Gartenzwerg falle ich auch bestimmt nicht mehr rein", gebe ich Anton zu verstehen.

„Na, das wollen wir mal abwarten", keckert Anton und schlägt sich mit dem Flügel vor den Kopf. „Übrigens muss ich sofort zurück. Oma Dorothea hat vorhin Rhabarber geschnitten. Ich habe das Gefühl, dass heute noch gebacken wird."

„Hat sie sich denn über irgendwas aufgeregt?", frage ich erschrocken.

„Ach, Oma Dorothea findet doch immer einen Grund zur Aufregung. Ich glaube, sie regt sich sogar sehr gerne auf, damit sie wieder mal einen Kuchen backen kann."

„Na! Wenn du bloß nicht dahinter steckst", bleibe ich argwöhnisch. „Womöglich hast du sie geärgert."

Anton kichert nur und flattert mit den Flügeln. „Also bis dann, Nicki. Ich hebe dir etwas auf."

„Das wäre super, Anton. Wir sehen uns hoffentlich bald."

Stolz schaue ich meinem Freund Anton hinterher. Die *Geheime Mission* verspricht ein Erfolg zu werden. Jetzt kann ich ganz beruhigt bei einem Nickerchen Ellies Heimkehr abwarten.

„Nicki! Du bist ein ganz böser Hund!“ Wütend steht Ellie vor mir und hält das Tagebuch in der Hand.

Ich schrecke aus meinem Schläfchen hoch und senke schuldbewusst meinen Kopf. Jetzt kommt die erwartete Abreibung.

„Du hast das Buch genommen und versteckt. So etwas macht man nicht!“

„Ach Ellie! Sei lieb. Ich habe es doch für dich und Katja getan.“ Ich versuche über Ellies drohend erhobene Hand zu lecken, um sie zu besänftigen.

„Lass das sein!“ Ellie ist echt sauer. „Beinahe hätte ich geglaubt, dass Katja das Buch hat. Sie hat heute so seltsame Andeutungen über Justus und mich gemacht. So als ob sie genau wüsste, dass ich für Justus schwärmen würde.“

„Wuff, wuff! Das tust du doch auch!“ Hoffnungsvoll schaue ich Ellie an.

„Sie wollte sich deshalb sogar bei mir entschuldigen und unseren Streit begraben.“

„Ja, und ...? Habt ihr euch versöhnt?“, belle ich fragend. Ich halte die Spannung einfach nicht mehr aus und springe an Ellie hoch.

„Ich habe natürlich alles abgestritten. Das könnte ihr so passen! Nur damit sie sich über meine Gefühle Justus gegenüber lustig machen kann."

Traurig lasse ich meinen Kopf hängen. Also nichts mit Versöhnung! Ein glatter Fehlschlag unserer *Geheimen Mission*!

Ellie drückt das Tagebuch an sich. Ihre Augen sehen schon wieder so verdächtig feucht aus. Ganz eng drücke ich mich an Ellies Knie.

„Zum Glück hast *du* ja das Buch gehabt und nicht Katja. Ich hätte ihr nie verziehen, wenn sie das Buch gelesen hätte. Das wäre ein zu großer Vertrauensbruch gewesen."

„Ja, genau! Zum Glück hab ich das Buch gehabt." Ich springe bellend um Ellie herum.

Ihr Wutausbruch scheint damit beendet. Sie nimmt meinen Kopf ganz fest in ihre Hände. „Versteck es nie wieder. Auf das Tagebuch brauchst du nicht eifersüchtig zu sein. Bei mir wirst du immer an erster Stelle stehen. Du bist doch mein bester Freund."

Ellie ist nicht mehr böse auf mich. Das ist die Hauptsache. Ich denke jedoch traurig an meinen eigenen besten Freund. Anton wird schön enttäuscht sein, wenn er von diesem Fehlschlag erfährt. Wo wir uns doch so viel Mühe gegeben haben. Vor allen Dingen wird er den Rhabarberkuchen nun ganz allein verdrücken müssen. Das dürfte ihm allerdings nicht schwer fallen!

An diesem Nachmittag und auch am folgenden

Tag lässt Anton sich nicht blicken. Beim Gassigehen marschiert Ellie mit mir in eine ganz andere Richtung als sonst. Es ist natürlich aufregend für mich eine neue Gegend zu erschnüffeln. Doch ich merke ganz genau, dass Ellie bewusst einer Begegnung mit Katja aus dem Wege gehen will. Seltsamerweise macht sie sogar einen Bogen um die Straße, in der wir Justus oft begegnet sind.

Das verstehe ich nun ganz und gar nicht. Es muss dringend etwas geschehen. So kann es nicht weitergehen!

Der Trick mit dem Hamster

Tage später buddele ich lustlos im Garten nach einem Knochen, den ich vor einiger Zeit dort vergraben habe. Doch mit meinen Gedanken bin ich ganz woanders.

„Iiiih! Was ist das denn? Wuff!“, zucke ich zurück. Interessiert schaue ich genauer hin. Was habe ich denn da ausgebuddelt? Ein brauner Schnürsenkel, der sich ganz von alleine zusammenrollt. Vorsichtig tippe ich ihn mit der Pfote an. Der Schnürsenkel wird plötzlich ganz lang und hat es furchtbar eilig, sich tiefer einzugraben.

„He du! Hör auf zu buddeln, das ist mein Knochen, der hier liegt“, belle ich wütend.

Ein schwarzer Schatten saust an meinem Kopf vorbei in die aufgewühlte Erde und schnappt sich den Schnürsenkel.

„Anton, du?“ Verdutzt habe ich die Szene beobachtet. „Was machst du denn hier?“

„Ich habe deinen Knochen gerettet.“ Anton schmatzt genüsslich und verdreht die Augen. „Was hast du denn gedacht?“

Als er meinen verblüfften Gesichtsausdruck

sieht, kichert Anton: „So ganz nebenbei habe ich gefrühstückt. Regenwürmer sind zwar nützlich, schmecken jedoch auch besonders lecker.“

Ich verziehe mein Gesicht. „Du frisst Regenwürmer?“

„Warum denn nicht?“ Antons Stimme klingt beleidigt. „Du frisst dafür Knochen, die tagelang in der Erde vergraben sind.“

„Ja, du hast Recht. Lass uns nicht auch noch miteinander streiten“, gebe ich kleinlaut zu.

„Nur keine Panik, immer mit der Ruhe!“, meint Anton. „Wenn der eine nämlich nicht will, können zwei gar nicht miteinander streiten.“

Verblüfft schaue ich ihn an. „Du hast schon wieder Recht und ich glaube, es ist auch sehr klug, was du sagst. Wieso weißt du so viel?“

„Oh, ich bin klug und weise, das merkt sogar ein Hund!“, fängt Anton an zu trällern, bis er sich verschluckt und einen Hustenanfall bekommt.

„Übrigens!“, keucht Anton, als er wieder Luft bekommt. „Du brauchst nur die Ohren aufzusperren, wenn sich ältere Leute unterhalten. Oma Dorothea, zum Beispiel, die sagt oft so kluge Sachen.“

„Wirklich?“, staune ich. „Deswegen sagt Oma Dorothea so oft zu Katja, sie soll nicht so altklug daherreden.“

Anton kichert vor sich hin. „Das hat damit

nichts zu tun. Damit meint Oma Dorothea nur, dass Katja nicht so vorlaut sein soll."

Das verstehe ich jetzt ganz und gar nicht. Doch ich traue mich nicht Anton danach zu fragen. Stattdessen sage ich nur: „Ich werde natürlich in Zukunft besonders aufmerksam zuhören, wenn Oma Dorothea so gescheite Sachen erzählt. Schließlich möchte ich ein besonders kluger Hund werden."

Anton räuspert sich und meint nach einer Weile: „Natürlich nur, wenn sie nicht gerade tüttelig ist oder schläft!"

Bei der Vorstellung, dass Oma Dorothea im Sessel schläft und kluge Sachen schnarcht, bricht er in keckerndes Gelächter aus. Schließlich steckt er mich mit seinem Lachen an. Doch ich lache nicht über Oma Dorothea. Ich lache über Anton, der sich nicht beruhigen kann und immer aufs Neue loskichert.

Plötzlich schlägt Anton sich mit dem Flügel an seinen Schnabel. „Gerade fällt mir ein, weswegen ich überhaupt gekommen bin. Ich habe Nägel mit Köpfen gemacht."

„Was hast du gemacht? Nägel mit Köpfen?" Anton schafft es immer wieder, mich in Erstaunen zu versetzen.

„Du musst nicht alles wörtlich nehmen. Das sagt man so, wenn man etwas Entscheidendes unternommen hat", sagt Anton ungeduldig und spricht sofort weiter. „Und ich habe etwas Entscheidendes unternommen."

„Was hast du unternommen?", frage ich neugierig.

„Ich habe mit Walter über Ellie und Katja gesprochen."

„Mit dem schlafmützigen Walter?" Nun bin ich total verblüfft. „Hast du den Hamster überhaupt aufwecken können?"

„Wo denkst du hin, Nicki! Am Abend ist Walter putzmunter und kein bisschen schlafmützig. Er läuft stundenlang auf seinem Laufrad. Als Walter hörte, worum es ging, war er sofort einverstanden."

„Womit einverstanden? Anton, lass dir doch nicht jedes Wort aus dem Schnabel ziehen."

Anton keckert vergnügt und spricht ernsthaft weiter: „Ich habe die Tür von Walters Käfig aufgelassen und Walter ist weggelaufen."

„Nein, Anton!" Ich schaue ihn erschrocken an. „Warum hast du das getan? Katja wird mächtig sauer auf dich sein."

Doch Anton hat gar kein schlechtes Gewissen. „Ja, verstehst du das nicht, Nicki? Katja sieht den leeren Käfig. Sie geht auf die Suche nach Walter und findet ihn nicht. Der nächste Schritt ist, dass sie Ellie anruft, ob sie bei der Suche helfen kann. Wie ich Ellie kenne, kommt sie prompt."

Anton stolziert wie ein Pfau über den Rasen. „Was sagst du? Bin ich ein Genie oder nicht?"

Ich bin mächtig beeindruckt. „Das heißt ja dann wohl, dass die *Geheime Mission* weitergeht?"

„Natürlich. Und dieses Mal klappt es oder ich verspeise nie wieder einen Regenwurm."

„Brrr!" Ich schüttele meinen Kopf. Mir wird ganz schwummerig, wenn ich nur daran denke.

„Pass auf, Nicki!", sagt Anton. „Katja sucht inzwischen sicher schon nach Walter. Sie weiß, dass Ellies Nachhilfe um diese Zeit endet, also wird sie bald hier anrufen. Ich würde sagen, wir sehen uns in einer halben Stunde bei Katja wieder."

„Na, hoffentlich geht das nicht schief!" Ich bin ein wenig skeptisch und schaue zum Himmel. „Um diese Tageszeit schläft Walter doch sonst. Bestimmt ist er nicht weit gelaufen und liegt womöglich mitten auf dem Gartenweg, so dass Katja ihn gleich findet."

Meine Überlegungen versetzen Anton in helle Aufregung. „Das ist dem Burschen wirklich zuzutrauen. Er war vorhin nicht gerade begeistert, als er in die Sonne blinzelte."

Anton flattert mit den Flügeln und krächzt hektisch: „Ich muss sofort los. Vielleicht kann ich noch was retten."

Eilig fliegt er davon, während ich umgehend zur

Haustür laufe, um auf Ellie und das Klingeln des Telefons zu warten.

Ellie drückt immer ganz fest ihre Daumen, wenn etwas gelingen soll. Mit meinen Pfoten versuche ich das nachzumachen. Doch vergebens, fast wäre ich umgefallen! Da hilft nur eins: die Augen zumachen, den Kopf fest auf die Vorderpfoten pressen und nur das eine denken: „Es muss klappen!“ Tief stecke ich den Kopf unter mein Schlafkissen.

„Was machst du, Nicki? Spielst du Verstecken?“ Ellie ist unbemerkt zur Tür hereingekommen und zieht mir das Kissen vom Kopf.

Im gleichen Moment klingelt das Telefon und ich brauche nicht zu antworten, weil Ellie den Hörer abhebt.

„Katja, du?“, höre ich Ellie sagen. „Was ist mit Walter passiert?“

Ich spitze die Ohren, um ja kein Wort zu verpassen.

„Natürlich, Katja! Weine doch nicht. Ich komme sofort mit Nicki rüber und helfe dir, Walter zu finden.“

Ellie legt den Hörer auf die Gabel und holt meine Ausgehleine. Ich springe vor Freude mit allen vier Pfoten gleichzeitig hoch. Anton, dieser Teufelskerl, hat ganze Arbeit geleistet. Er scheint wirklich ein Genie zu sein.

In Katjas Garten herrscht bei unserer Ankunft

rege Betriebsamkeit. Katja begrüßt uns erfreut, doch ihre Augen sind voller Tränen.

„Der arme Walter!“, klagt sie. „Er ist doch noch nie frei herumgelaufen. Hoffentlich ist ihm nichts zugestoßen.“

„Wir werden ihn schon finden“, sagt Ellie beruhigend. „Nicki wird ihn sicher aufstöbern.“

Sogar Oma Dorothea ist in die Suche eingespannt. Gebückt und schwer atmend taucht sie aus den Büschen auf. Das Gesicht ist vor Anstrengung gerötet und auf der Stirn stehen kleine Schweißperlen. Ihre silbernen Löckchen sind ganz zerzaust.

„Das ist aber lieb von euch, dass ihr helfen wollt. Von Nickis Spürnase habe ich schon gehört. Hat er nicht kürzlich erst ein verlorenes Skateboard wiedergefunden?“

„Ja, aber da hat er zugesehen, wie ich es versteckt habe“, sagt Katja vorlaut. Dann klopft sie sich erschrocken auf den Mund und schaut verlegen auf die Erde.

Oma Dorothea schaut erst Katja und dann Ellie verwundert an. „So ist das also gewesen“, murmelt sie in die Stille, die auf einmal entstanden ist. „Na, dann macht euch mal auf die Socken und sucht gefälligst. Ich muss mich erst einmal ausruhen.“

Ich weiß nicht, ob ich nun beleidigt sein soll? Oma Dorothea und Katja zweifeln ganz offensichtlich an meiner Spürnase. Das ist ja unerhört! Ich mache jetzt Nägel mit Köpfen, wie Anton sagen würde, und gehe allein auf die Suche nach Walter.

Justus muss her

Auf diesen Augenblick hat Anton nur gewartet, denn kaum bin ich allein, landet er neben mir.

„Na, was hab ich gesagt? Klappt doch alles wie am Schnürchen“, keckert er stolz. „Wenn ich nur wüsste, wo Walter abgeblieben ist. Vorhin schlief er noch friedlich. Jetzt ist er weg.“

„Was!“, schaue ich Anton bestürzt an. „Du hast ihn aus den Augen verloren? Wo hast du Walter zuletzt gesehen?“

„Na, hier! Im Schatten von dem Gartenzwerg hat er am Teich gelegen. Er wird doch nicht vor Schreck ins Wasser gefallen sein?“

„Vor Schreck ins Wasser?“ Ein furchtbarer Verdacht steigt in mir auf. „Anton! Hast du etwa mit Walter die Nummer mit dem Gartenzwerg abgezogen?“

Anton windet sich vor Verlegenheit. „Nur ein ganz klein wenig. Ich konnte doch nicht ahnen, dass Walter gleich ausrastet.“

„Also doch! Du hast es wirklich getan. Ich muss sofort seine Spur aufnehmen und ihn finden.“ Ich lasse Anton einfach sitzen und renne los.

„Ich hab da eine geniale Idee“, ruft Anton hinter mir her.

„Was denn? Noch so eine wie vorhin?“, blaffe ich ihn wütend an.

Doch Anton geht auf meinen bösen Tonfall gar nicht ein und meint friedfertig: „Hör sie dir doch erst einmal an. Ich glaube, es ist eine gute Idee.“

Eigentlich habe ich von Antons Ideen im Moment genug, doch ich bleibe stehen und höre widerwillig zu.

„Ich werde Walter suchen, das bin ich ihm schuldig“, meint Anton zerknirscht. „Du rennst stattdessen los und holst Justus. Dann schlagen wir zwei Fliegen mit einer Klappe.“

„Zwei Fliegen ...?“, frage ich. „Ist das wieder so ein Sprichwort, wie *Nägel mit Köpfen*?“

„Ja, genau!“ Antons Stimme findet zu ihrer gewohnten Lautstärke zurück. „Dann kann er gleich mal zeigen, dass er nicht der arrogante Bursche ist, für den Katja ihn hält.“

Ich überlege kurz. Ohne Ellie war ich noch nie auf der Straße. Doch Antons Idee ist wirklich nicht übel.

„Also gut. Ich bin einverstanden! Doch wehe, du findest Walter nicht gesund und heil wieder“, drohe ich ihm.

Anton hebt beschwichtigend beide Flügel hoch. „Schon gut. Reg dich nur nicht auf.“

Mit der Pfote drücke ich die Klinke der Gartentür nach unten und schlüpfe durch den Türspalt auf die Straße.

Den Weg nach Hause kenne ich genau. An der großen Straße muss ich stehen bleiben, auch wenn ich es noch so eilig habe. Erst wenn die Autos anhalten, darf ich schnell hinüberlaufen. So hat Ellie mir das erklärt und genauso mache ich es nun. Doch auf der Straße ist überhaupt kein Auto zu sehen. Was soll ich tun? Warten, bis eins kommt und anhält? Ich setze mich auf den Bordstein und überlege einen Augenblick.

Pah! Ich hab doch Augen im Kopf. Die Straße ist frei und außerdem habe ich keine Zeit, hier stundenlang auf ein Auto zu warten.

Ich flitze blitzschnell über die Straße und laufe ohne anzuhalten an unserem Haus vorbei bis zur Schule. Auf dem Schulhof spielen Kinder mit einem Ball. Ich habe große Lust dem Ball hinterher zu jagen, doch ich bin schließlich in geheimer Mission unterwegs. Keine Zeit für Spiele.

Nun ist es nicht mehr weit. An der Tankstelle muss ich abbiegen.

„Es wird auch höchste Zeit!“, denke ich. „So schnell bin ich noch nie am Stück gelaufen.“

Ich biege um die Ecke und bin in der Straße, in der Justus wohnt.

Da fährt Justus mit seinem Skateboard! Welch ein Glück! Ich habe ihn gefunden! Jetzt muss ich ihn nur dazu bringen mit mir mitzukommen.

„Wuff!", belle ich aus der Entfernung, um seine Aufmerksamkeit auf mich zu lenken. Mein Atem geht keuchend und die Zunge hängt mir weit aus der geöffneten Schnauze heraus. So stürme ich auf Justus zu. Er springt erschrocken von seinem Skateboard, das einsam die Straße entlang rollt. Ich muss ja furchterregend aussehen, wenn Justus sein Skateboard einfach sausen lässt!

„Nicki! Was ist los? Wo ist Ellie? Bist du etwa ausgerissen?" Justus bestürmt mich mit lauter Fragen.

„Wau, wau! Komm mit!", belle ich ihn an und springe an Justus hoch.

Dann zerre ich an seinem Hosenbein und versuche ihn in die Richtung zu ziehen, aus der ich gekommen bin.

„Was willst du denn?"

Langsam begreift er, dass ich etwas von ihm will. Justus versucht mich festzuhalten, doch ich springe ein Stück zurück und belle ihn an.

„Ist was mit Ellie? Ist ihr etwas passiert?"

„Fragen, nichts als Fragen. Nun mach doch endlich Nägel mit Köpfen", denke ich und springe aufgeregt herum.

„Sollst du mich holen?"

„Wau!", belle ich kurz und kräftig. Endlich hat er es begriffen!

„Na, dann los!“, ruft Justus. „Lauf voraus und zeig mir den Weg.“

Justus holt sein Skateboard und folgt mir. Ich laufe so schnell, dass er mir kaum folgen kann. Vor Ellies Haus will Justus anhalten. Ich belle ihn an und schlage die Richtung zu Katjas Garten ein.

Justus schaut verwundert, aber er folgt mir bis zu der großen Straße. Jetzt fahren dort Autos. Ich bleibe stehen und warte, doch die Autos halten nicht an.

„Wau, wau!“, belle ich ihnen hinterher. „Kennt ihr die Regeln nicht?“

Erst als Justus herankommt, bremsen sie und wir können die Straße überqueren. Justus schüttelt erstaunt mit dem Kopf.

„Mensch Nicki! Du bist ja richtig erwachsen geworden.“

Vor Katjas Gartentor halte ich an. Von drinnen hört man lautes Rufen.

Oh, oh! Die suchen nicht nur nach Walter, sondern inzwischen auch nach mir.

Justus öffnet die Tür und ich sause bellend hindurch. „Wuff, wuff! Ich bin hier.“

Ellie kommt eilig angerannt. „Da bist du ja! Ich dachte schon, du bist auch weggelaufen.“ Ihr Gesicht verfärbt sich plötzlich knallrot, weil Justus hinter mir auftaucht.

Erschöpft von dem schnellen Lauf, lasse ich

mich auf die Erde fallen. Gespannt beobachte ich die beiden.

„Entschuldige, Ellie, dass ich hier so einfach auftauche. Nicki hat mich geholt. Ich hatte schreckliche Angst, dass dir etwas geschehen ist.“

Ellie steht mit weit aufgerissenen Augen und glühenden Wangen vor Justus und bringt kein Wort heraus.

„Los, Elli!“, mahne ich insgeheim. „Erzähl ihm schon, was los ist, sonst geht der Plan wieder schief!“

Zu meiner Erleichterung macht jedoch Justus – genau wie ich – Nägel mit Köpfen. Er nimmt Ellies Hand und zieht sie einfach zu sich heran.

„Bin ich froh, dass dir nichts geschehen ist“, stöhnt Justus erleichtert.

„Hast du wirklich Angst um mich gehabt?“, fragt Ellie gerührt und macht keine Anstalten ihre Hand, die Justus noch immer hält, wegzuziehen.

„Na, und ob! Ich mag dich nämlich sehr gern. Das wollte ich dir schon lange mal sagen. Doch ich habe mich nicht so recht getraut. Du bist mir immer aus dem Weg gegangen.“

Justus legt seinen Arm um Ellies Schulter und Ellie hat überhaupt nichts dagegen. „Wenn du möchtest, treffen wir uns in Zukunft öfter und werden richtig gute Freunde. Ich könnte dir auch bei deinen Hausaufgaben in Englisch helfen. Dann brauchst du vielleicht bald keine Nachhilfestunden mehr."

„Würdest du das wirklich für mich tun? Das wäre natürlich ganz toll. Diese Nachhilfestunden nerven mich ganz schön."

„Klar! Schließlich haben wir beide etwas davon. Wenn wir uns gegenseitig die Vokabeln abhören, lerne ich ja automatisch mit."

„Na bitte! Es geht doch", belle ich erfreut. Diese Menschen. Warum können sie nicht einfach sagen, dass sie sich gut leiden können. Mir war das von Anfang an klar.

„Nun seht euch diese zwei an!", platzt Katja störend in das Gespräch. „Ich weiß vor Sorge um Walter nicht, wo ich noch suchen soll und ihr steht hier und plaudert über die Schule."

Justus und Ellie fahren ertappt auseinander und merken erst jetzt, dass Justus immer noch Ellies Hand hält.

„Ach herrje! Entschuldige Katja! Ich habe Walter ja total vergessen, weil Justus gerade gekommen ist!", ruft Ellie erschrocken aus.

Ich schaue Katja an und hoffe, dass sie jetzt keinen Fehler macht. Mit einer dumme Bemerkung würde Katja alles wieder kaputtmachen.

Doch Katja grinst über das ganze Gesicht. Nur mit Mühe unterdrückt sie ein Kichern. Sie boxt Justus in die Seite und sagt: „Schön, dass du da bist. Du kannst gleich mitsuchen. Je mehr Leute wir sind, um so eher werden wir Walter finden.“

Mir fällt ein Stein vom Herzen. Das ist ja noch mal gut gegangen!

Alles paletti!

„Wer ist Walter und warum wird er gesucht?“, wird Justus hellhörig.

Ach ja! Justus weiß ja immer noch nicht, warum ich ihn geholt habe.

Ellie und Katja klären Justus über Walter und sein Verschwinden auf.

„Den werden wir schon finden“, gibt sich Justus zuversichtlich. „Ich kenne mich mit Tieren ziemlich gut aus. Ein Hamster ist dämmerungsaktiv, das heißt, am Tag ist nichts mit ihm anzufangen. Er wird sich irgendwo in der Nähe einen Schlafplatz gesucht haben, wo es kühl und ruhig ist. Weit gelaufen ist er bestimmt nicht.“

„Ich habe um den Käfig herum schon alles abgesucht, weil ich auch davon ausgegangen bin“, sagt Katja unglücklich. „Doch da war keine Spur von Walter.“

„Zeig mir mal, wo sein Käfig steht. Von dort fangen wir ganz systematisch mit der Suche an.“

Der Vorschlag von Justus klingt vernünftig. Katja führt ihn zu den Käfigen und Justus entdeckt die anderen Tiere.

„Alle Achtung! Du hast dir ja einen richtigen kleinen Zoo angeschafft. Hamster, Meerschweinchen und sogar zwei Springmäuse", bemerkt er erstaunt.

„Ja, und einen Vogel hat sie auch." Oma Dorothea ist unbemerkt dazugekommen. Sie lacht, als sie den verblüfften Gesichtsausdruck von Justus sieht und fügt erklärend hinzu: „Der existiert leider wirklich und ist ein ganz schrecklicher Rabe."

„Ach, davon verstehst du nichts, Omilein.", mault Katja ungeduldig. „Sag mir lieber, wo Minka sich herumtreibt. Die hängt nämlich viel mehr an dir als an mir."

„Weil sie diesen Raben auch nicht leiden kann", brummelt Oma Dorothea.

„Oje!", mischt sich Ellie ein. „Ob Minka ihn womöglich erwischt hat?"

Oma Dorothea sieht Ellie irritiert an. „Wen denn? Diesen schrecklichen Raben?"

„Nein!", schreien Ellie, Katja und Justus gleichzeitig. „Walter ist doch verschwunden!"

„Herrje! Ich bin aber auch manchmal tüttelig. Natürlich, der Hamster ist ja weg." Kopfschüttelnd geht Oma Dorothea zurück in die Küche. Im Weggehen fällt ihr noch etwas ein. „Meine Minka hat sicher nichts mit Walters Verschwinden zu tun. Dann schon eher dieser schreckliche Anton." Laut und vernehmlich fällt die Küchentür hinter ihr zu.

Ich habe vergnügt zugehört. Oma Dorothea hat keine Ahnung von unserer geheimen Mission und doch liegt sie ganz richtig. Es scheint wirklich wahr zu sein, dass ältere Leute klug und weise sind.

Jetzt muss ich unbedingt Anton finden. Hoffentlich hat er Walter aufspüren können.

Ich verdrücke mich heimlich in die Büsche, aus denen seit geraumer Zeit merkwürdige Geräusche kommen. Da, schon wieder!

„Pst, pst!", wispert es. Das hört sich an, als ob jemand flüstert.

Ist das Anton, der sich so bemerkbar machen will? Das werde ich sofort in Erfahrung bringen. „Parole?", rufe ich.

„Alles paletti!", trompetet es sogleich aus dem Gebüsch und Anton spaziert selbstbewusst heraus. „Endlich! Ich dachte schon, du sitzt auf deinen Ohren."

„Was heißt hier überhaupt *Alles paletti*? Ist das vielleicht die Parole, die wir ausgemacht haben?", antworte ich gereizt.

„Entschuldigung!", murmelt Anton und verschwindet im Gebüsch. Gleich darauf keckert die mir allzu bekannte Gartenzwergstimme: „Geheime Mission".

„Nun, zufrieden?", kommt er kichernd zum Vorschein.

„Du nimmst wohl gar nichts ernst", seufze ich. „Hast du wenigstens Walter gefunden?"

„Na, sicher doch! Der pennt tief und fest in Oma Dorotheas Rhabarberbeet und macht dabei einen Höllenlärm. Er schnarcht so laut, dass Katja ihn beinahe gefunden hätte. Im letzten Moment konnte ich sie ablenken, weil ich Walters Schnarchen durch lautes Krächzen übertönt habe."

„Warum soll keiner wissen, wo er ist? Was ist das jetzt wieder für eine neue Idee?", frage ich erstaunt.

„Bist du *keiner*?", fragt Anton betont langsam. „Du weißt, wo er ist!"

Verständnislos schaue ich ihn an und plötzlich begreife ich Antons Plan. Ich soll Walter finden und damit beweisen, dass ich Dinge finden kann, die ich nicht selbst mit versteckt habe? Aber das habe ich doch gar nicht nötig.

„Du zweifelst wohl auch an meiner Spürnase?", maule ich eingeschnappt. „Da habe ich aber eine viel bessere Idee!"

Ich mache auf dem Absatz kehrt und renne los. Hinter mir lasse ich einen verdutzten Anton zurück.

„Ha!", grolle ich und bin insgeheim ein wenig sauer auf Anton. Die Idee, die ich habe, ist tausendmal besser als seine.

Justus soll Walter finden! Dann hat Katja keinen Grund mehr sauer auf ihn zu sein. Bestimmt werden dann alle drei gute Freunde. Vorausgesetzt, Walter wird jetzt endlich gesund und munter gefunden. Doch das dürfte nun kein Problem mehr sein. Wo das Rhabarberbeet ist, weiß ich. Doch wo ist Justus?

Schnell habe ich ihn aufgestöbert. Ich weiß, dass ich mich auf meine Nase verlassen kann. Jeder Mensch und jedes Ding hat seinen ureigenen Geruch, dem es nur zu folgen gilt.

Diesmal begreift Justus auf der Stelle, dass ich ihm etwas zeigen will. Die Nase tief auf den Boden gesenkt tauche ich zwischen die dicken grünroten Stangen mit den gewaltigen grünen Blättern ein. Hier ist es dämmerig und angenehm kühl. Es duftet nach Erde und Feuchtigkeit. Ein wirklich guter Ort, um ein Nickerchen zu machen. Wenn nur dieses nervige Geräusch nicht wäre! Ein schriller Pfeifton, der meine empfindlichen Gehörnerven strapaziert und stetig lauter wird. Das muss der schnarchende Walter sein.

Ich hebe meinen Kopf aus dem Blätterdach. „Wuff!“, belle ich leise, um Walter nicht zu erschrecken.

Justus kapiert sofort und kommt vorsichtig näher. „Hast du ihn aufgespürt, Nicki?“ Er biegt einige Blätter zur Seite und richtig, da liegt Walter friedlich zusammengerollt und schläft. Sein kugelrundes Bäuchlein hebt und senkt sich und aus den dicken Hamsterbäckchen kommt unaufhörlich das schreckliche Geräusch.

Jetzt ist Justus an der Reihe. Ich trete vorsichtig den Rückzug an und laufe zu Anton. Der hat sich zwischenzeitlich von seiner Verblüffung erholt.

„Da hast du dir was Tolles einfallen lassen. Die Idee ist so gut, die hätte glatt von mir sein können“, krächzt er begeistert.

Ich hebe eine Pfote und er klatscht mit seinem Flügel dagegen.

„*Geheime Mission* erfolgreich beendet!“, berichte ich stolz und bin sehr zufrieden mit mir.

„Jetzt kann gar nichts mehr schief gehen, Anton!“ Ich drehe mich um – und glaube nicht, was ich da sehe. Anton steht stocksteif da und beobachtet fasziniert, wie Justus behutsam mit dem schlafenden Walter in der Hand aus dem Beet auftaucht. In Antons Augen sehe ich ein verdächtiges Glitzern. Da öffnet er auch schon seinen vorlauten Schnabel.

„Nein! Anton, du wirst doch wohl nicht ...!“, rufe ich entsetzt und stürze mich auf ihn. Mit meinen Pfoten drücke ich ihm, so fest es geht, den Schnabel zu. Gerade noch rechtzeitig, es ist nur ein unverständliches Gekrächze zu hören.

„Willst du mich umbringen?“, gurgelt Anton.

Rasch lasse ich seinen Schnabel los, denn das ist wirklich nicht meine Absicht.

„Ich wollte nur verhindern, dass du Justus erschreckst. Womöglich hätte er Walter fallen lassen.“

„Manchmal beißt mich eben der Übermut", murmelt Anton zerknirscht. „Dann kann ich den Schnabel einfach nicht halten."

„Es ist ja noch mal gut gegangen. Was wolltest du denn überhaupt rufen?"

„Schnarchen kostet extra!", keckert Anton und kann schon wieder über sich selbst lachen.

„Anton, du bist einfach unverbesserlich", sage ich und stimme in sein Gekicher ein.

Dann sehen wir zu, wie Justus Walter vorsichtig in seinen Käfig setzt. Einen winzigen Augenblick wird Walter wach und schaut uns aus seinen kleinen Äuglein blinzelnd an.

„Es ist doch wohl alles gut gegangen oder habe ich etwas versäumt?", fragt er wispernd.

„Alles okay! Du warst einfach Klasse!", zischelt Anton ihm zu. „Wir sprechen heute Nacht darüber."

Zufrieden über das Lob läuft Walter in sein Häuschen, um seinen unterbrochenen Schlaf nachzuholen.

„Schade, dass Walter so viel schläft. Ich hätte mich gerne mit ihm bekannt gemacht und ein wenig unterhalten", raune ich Anton leise zu.

„Tja! So ist Walter nun mal. Da kann man nichts machen. Vielleicht kannst du mit Ellie irgendwann länger bleiben. Wenn es draußen anfängt zu dämmern, ist er viel gesprächiger."

„Mit Minka konnte ich mich auch noch gar

nicht anfreunden. Ich glaube, sie geht mir aus dem Weg“, sage ich traurig.

„Minka treibt sich viel in den Nachbargärten herum. Doch die meiste Zeit liegt sie irgendwo in der Sonne und döst vor sich hin. Bis sie jemand zwickt oder aufscheucht.“ Anton kichert zufrieden in sich hinein.

„Wer macht denn so etwas! Du etwa?“ Ich schaue Anton aufmerksam an.

„Ich doch nicht!“, sagt Anton empört. „Das ist immer nur dieser Gartenzwerg.“

Ich schaue ihn ungläubig an.

„Für Dösen muss man bezahlen!“, keckert er plötzlich laut und lacht.

Da weiß ich Bescheid und kann mir schon denken, wer Minka immer aufscheucht.

Anton, der wunderbare Tänzer

Vom Haus her erklingt Klaviermusik und fröhliches Geplauder. Die Mädchen und Justus haben es sich auf den Stühlen vor dem Haus gemütlich gemacht. Anton und ich sitzen zufrieden in der Nähe.

„Hör mal, Nicki! Oma Dorothea ist bei der Stufe eins ihrer Aufregung angekommen. Was meinst du, war das alles so aufregend, dass sie auch noch zu singen anfängt?“ Gespannt schaut Anton mich an und wartet auf eine Antwort.

„Ich glaube, es war so aufregend, dass es sogar bald ganz toll nach Kuchen duften wird“, sage ich voller Überzeugung.

„Das wäre natürlich der krönende Abschluss“, seufzt Anton sehnsüchtig.

Kaum hat er diesen Seufzer ausgesprochen, da erklingt auf einmal die Stimme von Oma Dorothea. Durch das geöffnete Wohnzimmerfenster hört man sie laut und vernehmlich singen. Mit ihrer Stimme übertönt sie sogar ihr eigenes Klavierspiel.

„Na bitte! Was hab ich gesagt?“ Aufgeregt springe ich um Anton herum.

„Jetzt fehlt nur noch die Stufe drei. Ich glaube, sie ist ganz nahe dran.“ Anton ist total begeistert und fängt an sich zu der Musik im Kreis zu drehen.

„Lustig ist das Zigeunerleben, varia varia ho“, singt Oma Dorothea voller Inbrunst und Anton summt die Melodie mit.

Das gefällt mir und macht Spaß zuzuhören. Ich habe mich gemütlich auf die Erde gelegt und wiege den Kopf im Rhythmus der Musik. Mit dem Schwanz klopfe ich den Takt des Liedes mit.

Katja hat sich umgedreht und uns bestimmt schon eine ganze Weile beobachtet.

„Seid doch mal einen Augenblick still!“ Ellie und Justus, die sich angeregt unterhalten haben, schauen Katja verblüfft an.

Katja hat ziemlich laut gerufen. Selbst Oma Dorothea hat ihren Gesang abrupt unterbrochen. Nur der letzte Ton des Klaviers schwingt noch in der Luft. Anton und ich haben das noch nicht richtig mitbekommen und wiegen uns weiter im Takt der Musik.

„Mensch, Ellie! Guck doch nur, dein Nicki ist musikalisch. Hast du das gewusst?“, fragt Katja übermütig.

Justus sitzt mit dem Rücken zum Garten und dreht sich neugierig zu uns um. Sein Gesicht verzieht sich zu einem Grinsen.

„Das ist also der berühmte Anton, den Oma Dorothea so furchtbar schrecklich findet. Er sieht eigentlich richtig niedlich aus."

Plötzlich merke ich, dass alle auf uns schauen. Verlegen höre ich mit dem Schwanzklopfen auf. Doch Anton hat noch immer nicht bemerkt, dass Oma Dorothea ihren Gesang und die Musik längst beendet hat. Er tanzt weiter herum und summt dazu.

„Katja, dein Anton ist aber genauso drauf wie mein Nicki!", lacht Ellie. „Hast du etwa gewusst, dass er Oma Dorotheas Musik liebt?"

Statt zu antworten ruft Katja leise in Richtung Wohnzimmerfenster: „Omilein, komm bitte ganz schnell heraus! Das musst du gesehen haben."

„Was ist passiert?", kommt Oma Dorothea fragend aus dem Haus gelaufen.

„Herrje!", ruft sie entsetzt aus, als sie den herumtanzenden Anton entdeckt. „Jetzt ist er wohl völlig übergeschnappt."

Katja prustet als Erste los und Ellie und Justus können vor Lachen nicht mehr an sich halten. Das Bild, das sich ihnen bietet, ist aber auch wirklich zu komisch.

„Der arme Anton!", denke ich mitleidig.

Denn endlich hat er etwas gemerkt. Anton steht, schwindelig von der Dreherei, taumelnd da und starrt verwirrt umher. Mit weit ausgebreiteten

Flügeln versucht er krampfhaft das Gleichgewicht zu behalten. Dann flattert er wackelig und verlegen auf mich zu.

„Oje! Ist mir das peinlich“, murmelt er beschämt in mein Ohr.

„Wieso denn?“, flüstere ich tröstend zurück. „Sieh doch nur, wie sie sich über dich freuen und wie stolz Katja auf dich ist.“

Das ist sogar die Wahrheit. Katja hatte zwar am lautesten gelacht, aber jetzt strahlt sie vor Stolz auf ihren Anton. Sie greift in die Hosentasche, holt einen Riegel Schokolade heraus und bricht ein Stückchen davon ab.

„Anton!“ Katja hebt die Schokolade hoch und wirft sie in die Luft. „Komm her und hol dir eine Belohnung ab!“

„Mann, oh Mann!“, raunt Anton mir erstaunt zu. „Schokolade gibt es von Katja nur zu ganz besonderen Ereignissen.“

Wie der Blitz saust er los und fängt die Schokolade noch in der Luft mit seinem Schnabel auf. Dabei keckert er fröhlich.

Bei Antons Blitzstart hat Oma Dorothea erschrocken die Arme in die Höhe gerissen. Katja und Ellie lachen über Antons geschicktes Manöver.

Justus klatscht vor Begeisterung in die Hände und ruft staunend: „Katja, den hast du aber super dressiert! Der hört ja aufs Wort.“

Katjas Wangen färben sich vor Stolz über das Kompliment ein wenig rot.

Oma Dorothea nimmt ihre Hände herunter, die sie immer noch schützend über ihre grauen Löckchen hält. „Jawohl!“, sagt sie zu Justus. „Wenn es ums Naschen und ums Unsinnmachen geht, kann er sehr gut hören.“

„Wie hab ich das gemacht?“, fragt Anton mich und hat schon wieder gute Laune. „Ich glaube, ich bin ein wunderbarer Tänzer.“

„Der beste, den ich kenne“, belle ich übermütig.

Katja hat sich inzwischen wieder Justus zugewandt.

„Wie hast du es nur geschafft, dass Walter so friedlich geblieben ist?“, wundert sie sich. „Normalerweise reagiert er mürrisch und beißt sogar, wenn er am Tage gestört wird.“

Ganz deutlich kann ich Katjas Stimme die Erleichterung anhören, dass Walters Ausflug ohne Folgen geblieben ist.

„Nun, ich habe mich schon immer für das Verhalten der Tiere interessiert und viel darüber gelesen. Hamster, zum Beispiel, darf man nie mit der Hand von oben greifen. Das löst bei ihnen eine Urangst aus, den so genannten Raubvogeleffekt. Möglichst mit der Hand von vorn nähern, dann kann man einen Hamster vorsichtig aufheben. Wenn er sich jedoch auf den Rücken wirft und faucht, sollte man ihn tunlichst in Ruhe lassen. Walter hat mich nur kurz angeblinzelt und war ganz lieb."

Katja hat mit wachsendem Erstaunen Justus' Erklärungen gelauscht.

„Meine Güte, du hast aber eine Menge Ahnung. Da habe ich ja die ganze Zeit eine falsche Meinung von dir gehabt."

Ellie schaut Justus bewundernd an. „Dass du so viel über Tiere weißt, war mir auch nicht klar."

„Später will ich entweder Tierpfleger oder Tierarzt werden. Das weiß ich noch nicht so genau. Auf jeden Fall soll mein Beruf irgendwie mit Tieren zu tun haben."

Anton und ich hören interessiert zu. Ich schubse Anton in die Seite. „Vielleicht weiß Justus sogar ein Mittel gegen vorlaute Schnäbel."

Statt einer Antwort hackt Anton einfach mit dem Schnabel in meine Richtung. Gerade kann ich noch ausweichen, sonst hätte er mein Ohr erwischt.

„Was soll das denn?", belle ich ihn verwundert an und schnappe meinerseits nach seinen Schwanzfedern. „Ich wollte dich doch nur necken."

„Nicki, lass Anton in Ruhe. Er hat dir nichts getan." Katjas Stimme klingt recht energisch.

„Dein Anton hat mit dem Schnabel nach Nicki gehackt. Ich habe es genau gesehen", kommt Ellie mir sofort zu Hilfe.

„So? Ich habe nur gesehen, dass er Anton beißen wollte."

„Das stimmt doch gar nicht. Nicki würde niemals zuschnappen."

Erschrocken schaue ich von Ellie zu Katja. Geht der ganze Streit nun etwa wieder von vorne los?

Zum Glück lenkt Justus beruhigend ein. „Wir sollten uns da nicht einmischen. Das müssen die beiden unter sich ausmachen. Tiere haben ihre eigene Rangordnung und müssen sich ihren Platz erkämpfen. Wenn das geklärt ist, vertragen sie sich auch wieder."

„Hast du das gehört?", schaue ich fragend in Antons Richtung.

„Dieser Doktor Allwissend geht mir ganz schön auf den Keks!", antwortet Anton. Dabei erhebt er sich in die Luft und landet seelenruhig auf dem Kopf von Justus. Flink zwickt er ihn ins Ohr und Justus zuckt erschrocken zurück.

Ellie lacht laut auf und nimmt Katja übermütig in den Arm.

„Damit ist die Rangordnung hergestellt. Anton hat den höchsten Platz erkämpft!"

Anton keckert fröhlich und fliegt übermütig auf meinen Rücken.

„Wenn du mich jetzt auch ins Ohr zwickst, kannst du was erleben", flüstere ich ihm zu.

Anton bremst seinen Übermut vorsichtshalber. Anscheinend hat er doch Respekt vor mir bekommen. Er öffnet seinen Schnabel, wird jedoch von Justus' lautem Rufen unterbrochen.

„Nicki, komm mal ganz schnell her. Eigentlich haben wir es doch dir zu verdanken, dass alles ein gutes Ende genommen hat."

Erfreut laufe ich zu Justus und lasse mich gebührend bewundern und streicheln.

Stufe drei: Rhabarberkuchen!

„Justus zu holen war wirklich eine gute Idee von dir“, lobt mich Katja.

Nur Ellie meint ein wenig ängstlich: „Bei diesem Autoverkehr ganz allein durch die Stadt zu laufen! Er hätte ja überfahren werden können.“

„Nicht dein Nicki!“, tröstet Justus sie voller Überzeugung. „Was meinst du, wie der an der Straße aufgepasst hat. Ich habe ja selbst über ihn gestaunt, als er am Zebrastreifen gewartet hat.“

Ellie streichelt mich liebevoll. „Trotzdem darfst du nicht einfach weglaufen. Doch dies war ja wohl eine Notlage. Womöglich hätten wir Walter ohne Justus immer noch nicht gefunden.“

„Wuff!“, belle ich zustimmend.

Obwohl es für mich eine Kleinigkeit gewesen wäre, Walter zu finden, nehme ich Ellies Worte großzügig als Lob. Ich bin fest davon überzeugt, dass ich sie sicherlich schon in naher Zukunft von meiner guten Spürnase überzeugen werde.

Anton hat sich beleidigt auf die Dachrinne verzogen und gibt seine Kommentare von dort oben ab. „Wahrscheinlich verleihen sie dir gleich den

Hosenbandorden für besondere Verdienste. Den kannst du nicht einfach so am Halsband tragen, dazu brauchst du eine Hose."

Verblüfft sehe ich zu Anton hinauf, der neidisch krächzend dort herumhüpft, weil niemand ihn beachtet.

„Du kannst dir ja die Latzhose vom Gartenzwerg ausleihen, die passt dir ganz bestimmt", keckert er höhnisch. „Sicherlich gibt er sie dir zu einem Sonderpreis. Obwohl du bis heute noch immer keinen Eintritt bezahlt hast."

„Warum bist du denn so sauer?", belle ich in Antons Richtung.

„Ich habe doch auch mitgeholfen, dass sich Ellie und Katja wieder vertragen. Die gute Idee mit Walter habe schließlich ich gehabt", zetert Anton aufgebracht.

„Das weiß ich doch, Anton!", versuche ich ihn zu beruhigen. „Ich hätte es ohne deine Hilfe gar nicht allein geschafft."

„Der Vorschlag Justus zu holen, stammt auch von mir", gibt er sich jedoch noch nicht zufrieden.

„Aber woher sollen Katja, Ellie und Justus das denn wissen? Ich denke, wir sind Freunde und Freunde teilen alles miteinander. Freud und Leid und eben auch Lob. Wenn Katja mich lobt, lobt sie indirekt auch dich, weil du mein Freund bist."

„Na klar!“, lenkt Anton nachdenklich ein. „Aus dieser Sicht habe ich das noch gar nicht betrachtet.“

„Siehst du! Man kann einen Streit unter Freunden auch dadurch beenden, indem man darüber redet.“

„Ich glaube, du hast bei Oma Dorotheas klugen Reden schon viel zu gut zugehört“, lästert Anton keckernd.

„Komm her, Anton!“ Katja ist aufmerksam geworden. „Was hast du denn? Warum regst du dich so auf?“

Anton fliegt auf Katjas Schulter und keckert immer noch aufgebracht vor sich hin.

Katja krault ihm zärtlich den Kopf. „Du bist doch mein kluger Anton. Ich weiß doch genau, dass du auch daran beteiligt warst und mitgeholfen hast. Bestimmt hast du genau wie Nicki ein Lob verdient.“

Anton genießt die Aufmerksamkeit, die ihm jetzt endlich zuteil wird. Mit schief gelegtem Kopf hat er voller Stolz sämtliche Federn gespreizt und sich damit zur doppelten Größe aufgeplustert.

„Wenn du noch dicker wirst, passt dir die Gartenzwerghose viel besser als mir. Soll ich sie schon einmal holen?“, belle ich ihn übermütig an.

„Papperlapapp!“, murmelt Anton versöhnlich und hoch zufrieden.

„Wenn man die beiden so beobachtet, sieht es

beinahe so aus“, sagt Ellie. „Die zwei haben fast die ganze Zeit ihre Köpfe zusammengesteckt. Justus, du hast doch so viel über Tiere gelesen. Was meinst du? Verstehen sie, was wir miteinander reden?“

„Tja, wenn man das wüsste! Dazu müsste man ihre Sprache sprechen.“ Justus sieht ziemlich ratlos aus. „Selbst die Wissenschaftler sind sich nicht darüber einig, ob sich die verschiedenen Tierarten untereinander verständigen können.“

„Na und ob wir das können, du Doktor Neunmalklug!“, kichert Anton und zwinkert mir zu. „Doch das werden wir dir nicht auf die Nase binden. Das würde uns gerade noch fehlen.“

Da muss ich Anton wirklich Recht geben. Die Menschen streiten schon genug miteinander. Womöglich mischen sie sich dann auch noch in unsere Streitereien ein.

„So, nun setzt euch mal wieder hin. Nach all dieser Aufregung habt ihr eine Belohnung verdient.“ Oma Dorothea kommt mit einer großen dampfenden Kanne Kakao aus dem Haus. „Zur Feier des Tages – und weil ihr in Zukunft hoffentlich die besten Freunde sein werdet – spendiere ich jedem ein Stück Rhabarberkuchen.“

„Rhabarberkuchen! Stufe drei! Oma Dorothea, du bist Spitze.“ Anton keckert begeistert und ich belle erfreut. Unseren kleinen Zwist haben wir schon vergessen.

Justus sitzt zwischen Katja und Ellie und lässt es sich schmecken.

„Übrigens, Katja, am Samstag ist doch mein Geburtstag. Ich habe Ellie eingeladen. Es wäre sehr schön, wenn du auch kommen würdest. Was meinst du dazu?“, fragt Justus mit vollen Backen.

„Natürlich, ich komme sehr gern“, antwortet Katja ohne zu zögern und wendet sich an Ellie. „Ab heute wollen wir drei Freunde sein und uns nie mehr streiten. Einverstanden?“

„Vier Freunde! Wuff!“, belle ich aufgeregt.

„Fünf!“, kräht Anton dazwischen und sieht mich strafend an.

„Ich glaube, die zwei wollen uns zu verstehen geben, dass sie auch dazu gehören.“ Justus sieht uns aufmerksam an, während Ellie und Katja überrascht schauen.

„Ja! Einverstanden, fünf Freunde!“, lächelt Ellie und Justus nickt zustimmend. „Ich habe dazu gleich einen Vorschlag. Meine Eltern haben mich für die Sommerferien zu einer Freizeit in einem Zeltlager angemeldet. Es sind noch einige Plätze frei. Wie wäre es, wenn ihr beiden Mädchen mitkommen würdet?“

„Au ja!“ Katja ist sofort einverstanden. „Bitte Omilein, ich darf doch mitfahren? Nun sag schon ja.“

„Zu meiner Zeit durfte man nicht mit Jungen in ein Zeltlager fahren. Was ist das nur für eine neumodische Zeit?“, schüttelt Oma Dorothea den Kopf.

„Alles klar! Ich darf mit“, deutet Katja das als Zustimmung. „Ellie, was ist mit dir?“

„Ich muss natürlich erst meine Eltern fragen. Doch sie haben sicher nichts dagegen“, meint Ellie zuversichtlich. „Sie freuen sich bestimmt, wenn wir zusammen die Ferien verbringen.“

„Super! Das wird bestimmt toll! Ich freue mich schon jetzt darauf“, sagt Justus und strahlt über das ganze Gesicht.

Ellie überlegt: „Was mache ich in der Zeit mit Nicki?“

Ich habe staunend zugehört. Eine Ferienfreizeit ohne uns? „Anton, hast du das gehört? Die planen eine Ferienfreizeit und von uns ist überhaupt keine Rede.“

„Und ob ich das gehört habe. Dann machen wir in dieser Zeit eine Tierfreizeit, ganz für uns allein“, sagt Anton selbstsicher.

Ich bleibe skeptisch: „Gibt es überhaupt so etwas wie eine Tierfreizeit?“

„Wenn es die noch nicht gibt, dann führen wir sie eben ein“, antwortet Anton energisch. „Schließlich haben wir ja auch die *Geheime Mission* erfunden.“

Oma Dorothea klappert mit den Tellern und räumt den Tisch ab.

„Wenn ihr wirklich zu dritt in die Ferien fahren

wollt, dann kannst du deinen Nicki hier bei mir lassen. Auf ein Tier mehr oder weniger kommt es nicht mehr an."

„Das ist aber lieb, Oma Dorothea.", sagt Ellie erleichtert. „Hier ist er bestimmt gut aufgehoben, denn meine Eltern haben nicht so viel Zeit für ihn."

„Das ist ja überhaupt die Idee. Wir machen eine Tierfreizeit bei Oma Dorothea."

Ich bin total einverstanden mit diesem Vorschlag.

„Da können wir den ganzen Tag herumtollen. Außerdem braucht Oma Dorothea jemanden, der auf sie aufpasst, wenn Katja nicht da ist."

„Wir werden sie tüchtig aufregen, damit es jeden Abend Rhabarberkuchen gibt!", fällt Anton mir ins Wort. „Entweder freiwillig oder wir stibitzen uns ein Stück. Zu zweit geht das prima."

„Ja!", stimme ich ihm zu. „Ich lenke Oma Dorothea ab und du fliegst in die Küche."

„Oder umgekehrt!", redet sich Anton in Fahrt. „Je nachdem, wie tüttelig sie war. Ob sie das Fenster oder die Tür offen gelassen hat."

Anton gluckert vor Vergnügen und voller Vorfreude stimme ich mit ein.

Ellie, Katja, und Justus sehen unserem auffälligen Verhalten sprachlos zu. Nur Oma Dorothea fragt: „Was ist denn los? Seid ihr jetzt auch tüttelig geworden?"

Wir schauen uns verblüfft an und dann ist es mit unserer Fassung völlig vorbei. Anton hält sich keckernd den Federbauch und ich wälze mich vor Vergnügen auf der Erde. Wir japsen beide nach Luft.

Das werden bestimmt herrliche Ferien! Aber das – ist eine andere Geschichte.

Leseprobe

So geht's weiter mit Nicki ...

Band 13: Diebe im Ferienlager – Nickis 2. Abenteuer

„Nicki, warum flüstern wir denn eigentlich?" Anton hat seine Stimme gesenkt und spricht genau so leise wie ich.
„Weil wir jetzt Detektive sind und eine Verschwörung gegen den Dieb planen."
„Aha!" Anton nickt verständnisvoll. „Und was planen wir?"
„Ich plane, die Zelte eines nach dem anderen zu untersuchen, ob ich vielleicht eine Spur finde."
„Und was plane ich?"
„Du planst, vom Dach des Frühstücksraums alles zu beobachten. Falls sich jemand den Zelten nähert, warnst du mich mit einem lauten Pfiff." Ich hebe meine Pfote und Anton klatscht mit seinem Flügel dagegen.
„Ein toller Plan! Den Dieb haben wir schon so gut wie in der Tasche." Anton ist restlos vom Gelingen überzeugt. Ich bin da etwas vorsichtiger. Wenn einer seine Freunde bestiehlt, ist er bestimmt sehr raffiniert und lässt sich nicht so einfach erwischen.
Ohne Zwischenfälle durchsuche ich alle Zelte, während Anton Wache schiebt. Von den vermissten Gegenständen finde ich keine Spur. In Martinas Zelt liegt eine verdächtig aussehende große Schachtel, die sich bei näherer Unter-

suchung als harmlos herausstellt. Sie ist vollgestopft mit Keksen und Süßigkeiten aller Art. Das wäre etwas für Anton. Doch ich werde mich hüten, ihm Martinas Versteck zu verraten.
Dem Dieb sind wir bisher kein Stück näher gekommen. So ein Mist!

Tiere
Freunde fürs Leben

Bisher erschienene Bände

Lies selbst, welche Abenteuer unsere kleinen Freunde in den anderen Büchern erleben! Die Helden wie Einstein, der Golden Retriever, oder Sunny, das süße Haflingerfohlen, erzählen dir ihre spannendsten Geschichten auf dem Weg zum Erwachsenwerden. Sei neugierig, was sie zu berichten haben …

Gib nicht auf, Max!
Band 3 ISBN 3-89748-231-2

Mehr Infos gibt's in unserem kostenlosen Newsletter: Schreib einfach an **infomagazin@panini-dino.de** und schon bist du dabei!

Dino

Mira, die Heldin
Band 1 ISBN 3-89748-229-0

Cleos großer Sieg
Band 2 ISBN 3-89748-230-4

Minka, wo bist du?
Band 4 ISBN 3-89748-232-0

Einsteins beste Idee
Band 5 ISBN 3-89748-303-3

Fees großer Auftritt
Band 6 ISBN 3-89748-304-1

Sunny jagt den Dieb
Band 7 ISBN 3-89748-376-9

Minni kommt groß raus
Band 8 ISBN 3-89748-501-x

Lena & Niko, endlich daheim!
Band 9 ISBN 3-89748-502-8

Wohin gehörst du, Ole?
Band 10 ISBN 3-89748-592-3

Fenja, einfach klasse
Band 11 ISBN 3-89748-596-6

In geheimer Mission – Nickis erstes Abenteuer
Band 12 ISBN 3-89748-687-3

Diebe im Ferienlager – Nickis zweites Abenteuer
Band 13 ISBN 3-89748-740-3

Weitere Bände in Vorbereitung!